ÁRVORE GENEALÓGICA DOS LANCASTER

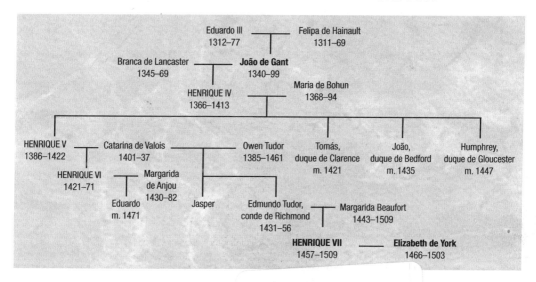

ÁRVORE GENEALÓGICA DOS YORK

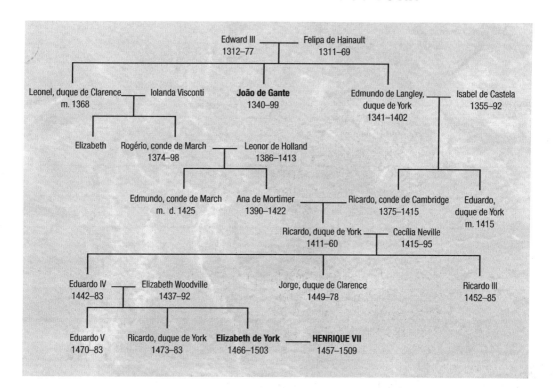

A HISTÓRIA QUE INSPIROU
GAME OF THRONES

MARTIN J. DOUGHERTY

M.Books do Brasil Editora Ltda.

Rua Jorge Americano, 61 - Alto da Lapa
05083-130 - São Paulo - SP - Telefones: (11) 3645-0409/(11) 3645-0410
Fax: (11) 3832-0335 - e-mail: vendas@mbooks.com.br
www.mbooks.com.br

Dados de Catalogação na Publicação

DOUGHERTY, M. J.
A Guerra das Rosas: A História que Inspirou *Game of Thrones*/ Martin J. Dougherty
2016 – São Paulo – M.Books do Brasil Editora Ltda.

1. História 2. História da Humanidade 3. Guerras e Batalhas

ISBN: 978-85-7680-276-1

Do original: The Wars of the Roses
Publicado em inglês pela Amber Books Ltd.

©2015 Amber Books Ltd.
©2016 M.Books do Brasil Editora Ltda.

Editor: Milton Mira de Assumpção Filho
Tradução: Maria Beatriz de Medina
Produção editorial: Lucimara Leal
Capa: Isadora Mira
Editoração: Crontec

2016

M.Books do Brasil Editora Ltda.
Todos os direitos reservados.
Proibida a reprodução total ou parcial.
Os infratores serão punidos na forma da lei.

Sumário

Introdução 7

Capítulo 1 As bases da Guerra das Rosas 31
   A pretensão de Edmund Mortimer 35
   As campanhas de Henrique na França 36
   O Tratado de Troyes 42

Capítulo 2 Início do reinado de Henrique VI 51
   Discórdia na Inglaterra 55
   A arte da guerra na baixa Idade Média 61
   Exigências de resgate 67

Capítulo 3 Ricardo, duque de York 71
   Ricardo como Lorde Protetor 79
   Recuperação da loucura 80
   A primeira batalha de St. Albans 82

Capítulo 4 O Parlamento dos Demônios 91
   A batalha de Blore Heath 93
   A Lei do Acordo 101
   A batalha de Wakefield 103

Capítulo 5 Eduardo, conde de March 109
   A segunda batalha de St. Albans 112
   A coroação e a batalha de Towton 117
   Depois de Towton 123

Capítulo 6 O primeiro reinado de Eduardo IV 133
   Conflito com Warwick 136
   Warwick invade a Inglaterra 140
   Ascensão e queda de Warwick 148

Capítulo 7 O segundo reinado de Henrique e Eduardo 159
   Eduardo retorna à Inglaterra 162
   A batalha de Barnet 164
   A batalha de Tewkesbury 170

Capítulo 8 Ricardo III 183
   A prisão do rei Eduardo V 184
   A tentativa de Ricardo assumir o trono 188
   A batalha de Bosworth 195

Capítulo 9 O legado da Guerra das Rosas 209
   Henrique VIII 209
   Depois de Henrique VIII 211
   História, ficção e imaginação 215

Bibliografia 218
Crédito das imagens 219
Índice remissivo 220

INTRODUÇÃO

De meados ao final do século XV, uma disputa quanto à questão complexa da sucessão real, combinada à incerteza geral e à turbulência da época, explodiu numa luta pelo poder que devastou a Inglaterra durante três décadas.

◆

"Foi muito mais complexa do que um simples choque entre duas facções."

Em jogo não estavam apenas o poder e a condição social, mas até a sobrevivência; naquela época, vencidos não eram tratados com brandura. Também não era seguro tentar ficar fora do jogo. Lordes poderosos usavam sua influência ou a coação pura e simples para aumentar seu número de seguidores; a recusa a se unir a um dos lados poderia ser considerada como filiação ao outro.

O início da vida de Henrique II da Inglaterra, primeiro rei Plantageneta, foi dominado pelo conflito entre sua mãe Matilda, filha de Henrique I, e Estêvão de Blois, que detinha a coroa inglesa. A peste (acima) ceifou muitas vidas nesse período.

Os meados do século XV foram uma época de grande incerteza e instabilidade. Enquanto os primeiros brotos do Renascimento surgiam na Itália, os exércitos particulares das casas nobres inglesas guerreavam entre si da maneira tradicional. A peste era uma ameaça constante, assim como o envolvimento numa das muitas conspirações descobertas na época. Não era necessário ter culpa comprovada para ser executado; na verdade, muitos indivíduos foram mortos simplesmente porque talvez, algum dia, pudessem se tornar o pivô de uma revolta.

A luta pelo poder inglês ocorrida nessa época ficou conhecida como Guerra das Rosas devido ao emblema das duas principais facções. É claro que a guerra foi muito mais complexa do que um simples choque

Acima: A ideia de uma "Guerra das Rosas" nasceu depois do fim do conflito, com os escritores do Renascimento. A descrição que Shakespeare faz dos lordes escolhendo rosas brancas ou vermelhas para mostrar a lealdade à sua facção na Parte I da peça *Henrique VI*, é uma invenção dramática.

entre duas facções. Traições e descontentamentos levaram alguns personagens poderosos a trocar de lado, e nem sempre o inimigo ficava muito claro.

A Guerra das Rosas resolveu uma questão dinástica sobre a sucessão ao trono inglês e permitiu à dinastia Tudor — com personagens que mudaram o mundo, como Henrique VIII e Elizabeth I — assumir o poder na Inglaterra. Houve também consequências imediatas para a Escócia e a França e outras mais amplas que chegariam ao Novo Mundo.

Aquele foi um momento muito importante da história do mundo. Colombo zarparia em 1492, apenas cinco anos depois do fim da guerra, e logo a colonização das Américas começaria. Os vencedores da Guerra das Rosas ditaram a política inglesa na colonização da América do Norte e durante a era da exploração. Mais diretamente, considera-se que o Renascimento chegou à Inglaterra em 1487, no final da Guerra das Rosas. Portanto, o retorno da Inglaterra à estabilidade marcou o fim da Idade Média e o começo de uma nova era.

Tudo estava mudando: as armas de fogo logo tornariam os castelos obsoletos, e o estilo de guerra tradicional, baseado em cavaleiros de armadura, começaria seu declínio. A própria maneira como os indivíduos viam a si e a seu mundo se alteraria para sempre com a mudança de pensamento que carac-

À direita: Embora a Guerra das Rosas tenha sido, principalmente, entre as casas de York e Lancaster, as facções não estavam ligadas geograficamente a essas regiões. O apoio vinha de onde ficassem as possessões dos lordes leais a cada facção.

INTRODUÇÃO 9

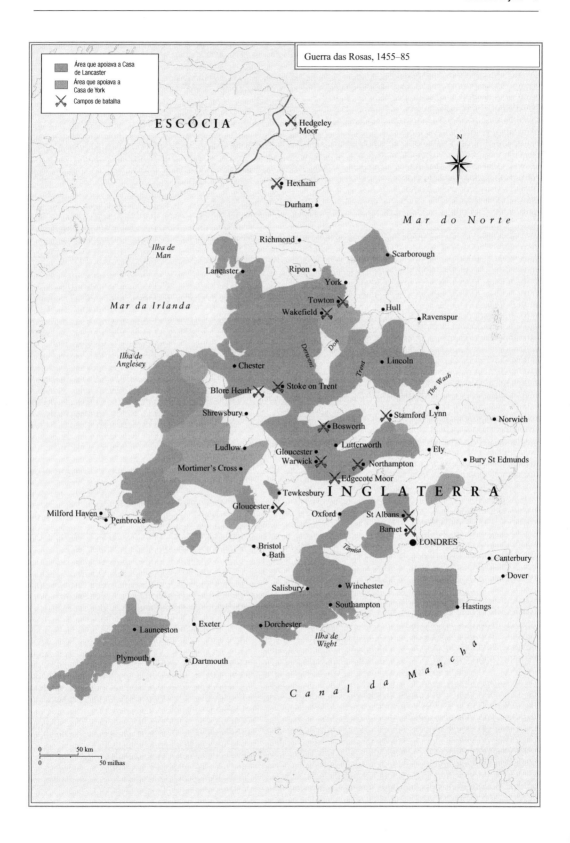

terizou o Renascimento. Era uma época incerta, um momento fundamental. O resultado dessa última grande guerra medieval determinaria o rumo da história europeia, quiçá mundial, nos séculos seguintes.

Se a Guerra das Duas Rosas tivesse outro resultado, não haveria rei Henrique VIII para romper com a Igreja Católica nem a Invencível Armada espanhola nem as guerras religiosas — ou pelo menos talvez elas tivessem um resultado diferente. A história europeia tomaria outro rumo, com consequências importantes também para o resto do mundo.

Nada disso era sabido pelos envolvidos quando irrompeu o primeiro conflito. Ninguém poderia prever três décadas de sangrenta guerra civil para depor um rei insano e lhe devolver o trono, com um lado após o outro levando a melhor. Mas há mais do que batalhas na Guerra das Rosas. A política, os assassinatos, a traição, tudo teve papel importante para determinar o resultado dessa que não foi mera disputa dinástica, mas uma batalha pelo controle do futuro da Inglaterra.

O sistema feudal

Na Idade Média, a Europa era governada com base feudal. Em essência, o feudalismo era um sistema de obrigações que determinava deveres e responsabilidades de uma classe social a outra. O feudalismo cresceu com o tempo, nascido de organizações tribais menos formais que existiam previamente, e nunca foi um sistema formal de governo como tal; a palavra "feudalismo" é bastante moderna e descreve uma variedade de sociedades mais ou menos semelhantes.

Na sociedade feudal, o governo cabia a uma elite militar, e o rei detinha o máximo de poder e controle. Cada camada social tinha deveres para com a camada superior e, pelo menos em teoria, responsabilidade pelas camadas mais abaixo. Portanto, os plebeus de uma aldeia deviam lealdade ao nobre da região, que, por sua vez, era responsável por protegê-los e resolver disputas entre eles. Em geral, esse nobre menor era um cavaleiro que devia lealdade a seu superior, que podia ser um barão ou um nobre mais elevado. Em última análise, devia-se lealdade ao rei, embora com o passar do tempo esse vínculo ficasse menos importante do que a lealdade ao superior imediato do cavaleiro.

> "Ninguém poderia prever três décadas de sangrenta guerra civil para depor e devolver ao trono um rei insano, com um lado após o outro levando a melhor."

O rei e os altos nobres a quem outros nobres devessem lealdade eram suseranos dos que lhes deviam lealdade. Os deveres exigidos de cada parte eram explicitados num contrato e, no caso de cavaleiros e nobres mais elevados, costumavam incluir o serviço militar. Os plebeus também deviam prestar serviço militar a seu lorde, caso ele decidisse convocá-los. Um subordinado poderia até receber uma tarefa específica, como ser guardião de um castelo real sem assumir sua propriedade, ou simplesmente ficar à disposição quando o serviço militar fosse necessário e manter-se livre para fazer o que quisesse no resto do tempo. Um grande nobre (inclusive o monarca) talvez até sustentasse às próprias custas vários ou mesmo muitos cavaleiros e soldados profissionais, mas havia um limite ao total ao que um nobre, ainda que muito rico, poderia manter.

A maior parte da elite militar era sustentada por terras concedidas a eles como vassalos. A palavra "vassalo" se aplica a qualquer um que fizesse um trato de lealdade feudal, mas costuma ser usado no contexto de vassalos da terra, isto é, aqueles a quem se concedia terra em troca de serviço. A terra podia ser mantida sob várias formas de posse, desde o uso essencialmente temporário em troca de serviço à propriedade hereditária.

A concessão de terras ou de qualquer fonte de receita, como o direito de cobrar tributos ou uma posição de poder que criasse uma renda, era chamada de feudo. Na Inglaterra, o feudo típico era o *manor* ("mansão", "solar"), que produzia receita suficiente para sustentar um cavaleiro. Dependendo dos termos da investidura ou enfeudação, o senhor de um *manor* estaria livre para extrair de suas posses o máximo possível de receita, o que podia ser muito lucrativo quando o feudo era concedido em troca de uma renda fixa ou de serviço militar. Este, tipicamente, era de quarenta dias por ano. Às vezes, os que desejavam se isentar do serviço militar podiam pagar uma taxa chamada *scutage* ("escuda-

Abaixo: Na sociedade feudal bastarda do século XV, o rei não tinha mais autoridade absoluta. Grandes lordes e autoridades da Igreja também tinham imensa influência e havia intrigas políticas, conspirações e barganhas intermináveis entre os que estavam próximos ao trono.

gem", "dinheiro do escudo") em troca da isenção de outros deveres. Essa taxa permitia ao nobre usar a receita excedente de suas posses para obter isenção do serviço militar e guardar para si o que sobrasse. Outras formas de enfeudação, como as ligadas ao clero, também não exigiam serviço militar, embora houvesse outros deveres a cumprir.

A concessão de terras aos vassalos dava a eles a responsabilidade por sua administração, evitava que o monarca tivesse de microgerenciar o país inteiro e permitia o sustento em nível local de combatentes que não estivessem em campanha. Em teoria, nos tempos de paz eles contribuiriam para a estabilidade e o domínio da terra em sua região de origem, sem drenar os recursos centrais. Nessa época, além da guarda doméstica da nobreza não se mantinham exércitos regulares. Quando necessário, montava-se uma força convocando os cavaleiros ao serviço, e eles levavam consigo seus soldados e o pessoal adicional recrutado na população comum.

No entanto, a concessão de terras, quando bem administrada (ou extorquida com ganância, pelo menos a curto prazo) fazia os vassalos se tornarem cada vez mais ricos e poderosos. Alguns feudos voltavam ao rei com a morte do vassalo, mas muitos eram hereditários, o que criou a necessidade de determinar a quem passariam. Geralmente era ao herdeiro mais velho do sexo masculino, mas parentes mais distantes poderiam herdá-lo quando este herdeiro não existisse. Os casamentos também faziam as posses passarem de uma família a outra, o que poderia provocar fragmentação ou consolidação de feudos.

Abaixo: Como herdeiro de Henrique III, o jovem Eduardo I teve papel importante na Segunda Guerra dos Barões. Depois de coroado, resolveu implementar reformas sociais e jurídicas para enfrentar algumas causas do conflito.

> "Alguns feudos voltavam ao rei com a morte do vassalo, mas muitos eram hereditários, o que criou a necessidade de determinar a quem passariam."

A consolidação ou a aquisição de feudos adicionais permitiu à grande nobreza aumentar sua riqueza e sua posição social, o que levou ao surgimento paulatino de grandes casas nobres que detinham enorme poder. Uma aliança entre esses nobres — ou apenas uma única casa, em alguns casos — poderia rivalizar com o rei em termos de poder político e militar, o que teve consequências para a governança do reino.

Cada vez mais, a governança do reino se tornou um ato de equilíbrio, no qual o rei precisava do apoio dos grandes nobres, em vez de conseguir simplesmente lhes dar ordens. Em qualquer dado momento, o rei poderia agir como desejasse, desde que tivesse partidários suficientes. No entanto, esse apoio era uma via de mão dupla, e governar passou, cada vez mais, a exigir negociações. Na verdade, às vezes o rei podia ser

Acima: Eduardo I ficou famoso principalmente pelas campanhas na Escócia, que lhe conferiram o apelido de "Martelo dos Escoceses". Ele era principalmente um rei guerreiro e lutou no País de Gales, na Escócia e nas Cruzadas, além de combater rebeldes na Inglaterra.

ineficaz, com seu poder obscurecido pelo da alta nobreza. No entanto, o cargo de rei ainda tinha muita influência; em termos gerais, pelo menos da boca para fora era preciso demonstrar lealdade e obediência.

Nesse ambiente, as disputas e lutas políticas da grande nobreza influenciariam a política nacional, e as guerras particulares entre nobres poderiam sair do controle. Um rei forte, com apoio sólido, conseguiria chamar às falas os nobres que precisassem disso, mas sempre havia um preço a pagar pelo apoio. Conforme a alta nobreza ficava cada vez mais poderosa, o rei passou de governante absoluto a apenas mais um jogador com poder num jogo muito perigoso.

Com o passar do tempo, a natureza do feudalismo mudou. Em vez de todos deverem lealdade ao rei, nos níveis inferiores muitos consideravam que a lealdade era devida, em primeiro lugar, a seu lorde suserano. Isso criou maior fragmentação e aumentou o poder da nobreza em relação ao rei. Ao mesmo tempo, houve uma mudança no modo de gerenciar o serviço militar prestado à Coroa. No reinado de Eduardo I (1272-1307), a prática do serviço direto quando convocado foi substituída por um sistema baseado em dinheiro.

O novo sistema exigia uma contribuição financeira paga por cada estrato social ao lorde suserano em vez da entrada em combate quando houvesse convocação. Quando necessário, o suserano pagaria pelo serviço militar. Assim, num ano de paz o dinheiro poderia ser gasto em outros projetos ou guardado num cofre para necessidades bélicas futuras. Grandes exércitos poderiam ser formados quando fosse preciso com a contratação de soldados profissionais, além de pagar aos vassalos pela contribuição militar ao conflito. Esse novo sistema foi chamado de "feudalismo bastardo". No feudalismo bastardo, a nobreza teria condições de sustentar tropas armadas permanentes se assim

Página ao lado: A produção de um herdeiro do sexo masculino era um fator importante para a estabilidade dos reinos. Eduardo I teve três filhos antes do menino que reinaria como Eduardo II; dois morreram antes de seu nascimento, o outro pouco depois.

o desejasse, embora essas tropas fossem pequenas. Em tempos de paz, esses soldados eram usados para guardar propriedades, resolver problemas e proteger os nobres, além de serem símbolo de status. Quando houvesse conflito com outro lorde ou uma campanha no exterior, a guarda seria ampliada com homens adicionais.

> "A primogenitura e a herança de uma condição intacta assegurava que as posses continuassem concentradas e o poder não se diluísse."

O poder crescente da alta nobreza no feudalismo bastardo foi um dos fatores que tornaram tão sangrenta a Guerra das Rosas. Nobres poderosos com exércitos particulares podiam se envolver em conflitos, e talvez faltasse ao rei a capacidade de impedi-los. Ele também poderia escolher não fazê-lo, deixando que seus nobres seguissem planos próprios, por apoiá-los ou por querer seu apoio em outra questão. É bem provável que o enfraquecimento da posição da Coroa em relação à alta nobreza tenha sido um dos principais fatores a permitir a Guerra das Rosas.

Herança e sucessão

A questão de quem herdava o feudo com a morte de seu detentor era importante; a questão de quem ocupava o trono com a morte do rei, mais importante ainda. Se não fosse hereditário, o feudo reverteria para o controle do lorde suserano, que então poderia passá-lo a outrem. Em geral, as posses hereditárias passavam ao filho mais velho do sexo masculino.

Essa forma de herança, chamada primogenitura masculina, funcionava bem quando havia um filho homem para herdar, embora os filhos mais novos recebessem muito pouco. Em geral, não se considerava desejável repartir as posses igualmente entre vários herdeiros, principalmente porque isso fracionaria os bens da família a ponto de nenhum dos feudos ser suficiente para sustentar a condição social anterior. No caso dos reinos, a subdivisão entre herdeiros dificilmente seria bem-sucedida.

A primogenitura e a herança de uma condição intacta asseguravam que as posses permanecessem concentradas e o poder não se diluísse, embora

À direita: João de Gante foi o primeiro duque de Lancaster. O rei Henrique IV era seu filho legítimo. Outros filhos com o sobrenome Beaufort nasceram fora dos laços do matrimônio, mas foram legitimados mais tarde, criando uma situação ambígua em relação à herança.

À direita: Escudo de Edmundo de Langley, primeiro duque de York. Langley foi incompetente na política e na guerra, mas apesar disso o governo lhe foi confiado quando Ricardo II saiu em campanha. Sem sucesso, ele tentou se opor à deposição de Ricardo II por Henrique Bolingbroke.

às vezes resultassem em rivalidade e discórdia entre irmãos. Os outros filhos poderiam receber uma posição subordinada ou ter feudos próprios; além disso, a família real e as grandes casas nobres costumavam conceder um feudo ou título menor aos filhos mais novos. Entre essas concessões, chamadas de apanágios, estavam os ducados de Lancaster e York. Foram criados para conceder aos filhos mais novos de Eduardo III riqueza e condição social adequadas à sua posição de irmãos do rei. Em sua maioria, os apanágios eram menos substanciais, mas asseguravam que os filhos mais novos e suas famílias continuassem a fazer parte, pelo menos, da pequena nobreza.

Um feudo ou título poderia passar a um filho mais novo se o mais velho morresse antes de gerar herdeiros do sexo masculino; caso contrário, o filho mais novo e seus descendentes formariam um ramo cadete da família. O ramo cadete estava fora da linha de sucessão das posses do ramo principal, mas passaria as suas de geração em geração pelo mesmo mecanismo e poderia aumentar seu poder com o matrimônio ou por outros meios.

Caso uma linhagem real ou uma casa nobre não tivesse herdeiros, o direito à herança voltaria na árvore genealógica e desceria pelo primeiro ramo cadete da família, até que se encontrasse um candidato adequado. Isso assegurava que sempre houvesse vários indivíduos com pretensões válidas, ainda que distantes, ao trono; para eles, isso poderia ser uma bênção ou uma maldição. Conspirações podiam se formar em torno de um indivíduo desses, quer ele quisesse participar, quer não; às vezes, parentes distantes eram executados para assegurar que não ameaçassem o pretendente ao trono.

A situação se complicava ainda mais porque a linhagem podia ser determinada de várias maneiras. A primogenitura agnática só considerava os descendentes da linha masculina, a menos que não houvesse nenhum, e nesse caso uma parenta poderia herdar. Assim se excluíam candidatos que pudessem ser elegíveis mas que descendiam de uma ancestral, o que talvez passasse o direito de sucessão para um parente mais distante.

Com isso, a disponibilidade de um herdeiro adulto do sexo masculino era muito importante para a estabilidade. Quando existia, o processo de coroar um novo rei ou escolher o chefe de uma grande família nobre era relativamente tranquilo. Quando a sucessão era menos clara ou o herdeiro era criança, a situação ficava muito mais complicada. Muitos indivíduos com direito de sangue poderiam declarar pretensão a um título, e alguns grandes nobres talvez decidissem que não lhes interessava aceitar a pretensão mais forte.

A interpretação criativa das pretensões aos títulos também era um complicador, e havia disputas sobre que fatores anulariam ou reforçariam uma pretensão. Muitos candidatos tinham mais de um direito de sangue por serem aparentados com a linhagem real por diversas vias, ou apresentavam

> "O nome Plantageneta, que significa 'ramo de giesta' e se referia ao escudo da dinastia angevina, começou como apelido."

algum fator que, na opinião dos adversários, os excluía da sucessão. Negociações, influências e ameaças de usar a força eram todas postas na mesa ao decidir uma sucessão; se fracassassem, a guerra sempre seria uma opção.

Inglaterra e França na Baixa Idade Média

O conceito de nacionalidade como o entendemos hoje não existia na Idade Média. Havia estados como Inglaterra ou França, mas o modo como se definiam era um pouco diferente. Em vez de serem países formalmente definidos, com fronteiras e territórios delineados por tratados internacionais, os estados como Inglaterra e França eram um conceito cultural, uma questão de tradição e, em parte, uma questão de alianças.

À direita: A posse de territórios na França criou uma situação em que o rei inglês também era duque francês e, portanto, subordinado ao rei da França. As tentativas de forçar o rei da Inglaterra a se humilhar diante de um monarca rival aumentaram muito o atrito.

As regiões que constituíam exatamente a França (ou a Inglaterra) variavam com o tempo, e a questão também dependia do ponto de vista. Embora seja relativamente fácil traçar um mapa com fronteiras nítidas ao longo de serras, rios e litorais e afirmar que as áreas ali dentro fazem parte de um dado estado, a qualquer momento a realidade era mais complexa. Seria sensato definir Inglaterra ou França como áreas que deviam lealdade à Coroa daquele estado, diretamente ou por meio de uma grande casa nobre. Mesmo assim, há questões a respeito da realidade dessa lealdade. Algumas áreas reivindicadas pela Coroa francesa passaram a maior parte da Idade Média totalmente fora de seu controle. Outras eram indiscutivelmente francesas, mas estavam sob o controle de nobres, cuja lealdade ao trono francês era tênue. Em alguns casos, territórios

dentro da França eram possessões de casas nobres leais a reis estrangeiros.

Partes significativas da França estavam nas mãos de nobres ingleses cuja lealdade, é claro, era ao rei da Inglaterra. Talvez fosse consequência inevitável da existência de casas nobres; as famílias poderosas casavam-se entre si e ligavam posses que podiam fazer parte de reinos inteiramente diferentes. Isso criava situações em que um indivíduo podia ser conde ou duque francês e também rei da Inglaterra. Esse indivíduo poderia ser recebido pelo rei francês como colega monarca

> "O rei da Inglaterra tinha pretensões a grandes regiões da França que não eram territórios ingleses como tais, pelo menos não de acordo com o rei francês."

em algumas ocasiões e, em outras, teria de prestar-lhe vassalagem como subordinado.

A situação na França e na Inglaterra devia muito à vida e às ações de Henrique II da Inglaterra (que reinou de 1154 a 1189). Conhecido como Henrique Plantageneta, o primeiro dessa família, era filho de Matilda, filha do rei inglês Henrique I, e Geoffrey de Anjou. A princípio, Plantageneta, que significa "ramo de giesta" em referência ao escudo da dinastia angevina, era um apelido; Henrique pertencia

À esquerda: Já detentor de grandes territórios na França como membro da dinastia angevina, Henrique II da Inglaterra ganhou mais um ducado quando se casou com Leonor de Aquitânia. Esse foi o ponto máximo da fortuna inglesa; boa parte do "império angevino" de Henrique logo se perderia.

Página ao lado: A Magna Carta de 1215 marcou uma imensa mudança do equilíbrio de poder entre o rei e os lordes; foi a primeira vez em que um monarca inglês foi forçado pelos súditos a promulgar uma lei

Abaixo: A Magna Carta limitava o poder do rei que, até esse momento, era praticamente infinito. Os juízos reais não podiam mais ser arbitrários; agora, o rei teria de seguir a lei ao impor punições a seus súditos.

à dinastia angevina e era duque da Normandia, conde de Anjou e tinha vários outros títulos franceses. Ele se casou com Leonor da Aquitânia e acrescentou esse ducado à lista de territórios da família. Portanto, o rei da Inglaterra reivindicava para si grandes regiões da França, que não eram territórios ingleses como tais, pelo menos não de acordo com o rei francês. Henrique II assumiu o trono da Inglaterra depois de um longo período de instabilidade e guerra civil, mas não se contentou com o restabelecimento do trono inglês. Ele fez campanhas no País de Gales, na Irlanda e na França e expandiu seus territórios no chamado Império Angevino.

O Império Angevino encolheu rapidamente depois da morte de Henrique. Seu filho Ricardo I (o Coração de Leão) passou mais tempo na Aquitânia ou nas cruzadas do que na Inglaterra, e pouco se dedicou à administração de qualquer de suas posses. Em 1199, quando morreu, a coroa passou para o irmão João, cujo reinado foi tão desastroso que nunca haverá outro rei inglês com esse nome.

O reinado de João começou muito bem. As posses angevinas na França foram reconhecidas em 1200 por Felipe II, rei da França. No entanto, logo irrompeu a guerra entre Inglaterra e França, e a maior parte das terras angevinas no norte da França se perdeu. Sem sucesso, João passou vários anos tentando recuperá-las, e depois foi forçado a enfrentar uma grande rebelião na Inglaterra. Essa rebelião foi importante por muitas razões, uma das principais sendo a Magna Carta, documento que limitava a capacidade do rei da Inglaterra de fazer o

que quisesse. A partir daí, nem mesmo o rei poderia prender ou prejudicar um homem livre sem ter razões jurídicas para isso. Hoje parece óbvio que a vontade do rei deva se subordinar à lei, mas naquela época esse era um conceito novo.

A Magna Carta

A Magna Carta foi o primeiro documento vinculativo a ser imposto pelos súditos ao rei inglês e ilustra a mudança da natureza do feudalismo inglês. Não mais monarca absoluto, o rei foi forçado a fazer um acordo com os nobres mais importantes. Entre as cláusulas da Magna Carta estava a determinação que, agindo em conjunto, os altos nobres poderiam passar por cima do rei e até tomar posse de seus castelos se ele não obedecesse à Carta. É claro que João não obedeceu à Carta; rejeitou-a assim que pôde e, nisso, teve o apoio do Papa. Mas a Carta sobreviveu a ele, que morreu em 1216; João foi sucedido pelo filho Henrique, de 9 anos, que aceitou as determinações da Magna Carta e, portanto, fez com que ela se tornasse a base da legislação britânica.

Quando jovem, Henrique III tentou recuperar suas terras na França, o que terminou em desastre, e tentou de novo em 1242. Em 1259, foi assinado com a França um tratado no qual Henrique abria mão de todas as suas pretensões a terras francesas, com exceção da Gasconha. Em troca, sua posição ali foi reconhecida. Esse acordo não foi negociado pelo próprio Henrique; os principais nobres da Inglaterra tinham praticamente assumido o poder no ano anterior, mantendo o rei como testa de ferro.

O controle real se restabeleceu na Inglaterra depois da Segunda Guerra dos Barões, entre 1264 e 1267. A primeira foi travada contra o rei João e impôs limitações ao poder real; a segunda resultou em novas reformas e na concessão aos não nobres de voz no governo. Henrique e seu filho Eduardo foram capturados e aprisionados, embora Henri-que se mantivesse rei. Esse período em que foi títere terminou quando Eduardo fugiu e derrotou em combate as forças dos barões.

O reinado de Eduardo I começou em 1272, com a morte do pai, e se caracterizou principalmente por guerras no País de Gales e na Escócia, além de tentativas de reformar a legislação inglesa. Na Europa, Eduardo foi um pacificador, embora assim agisse principalmente com esperanças de obter apoio para seu plano de uma Cruzada imensa e unificada. Também foi eficaz no controle do poder crescente da alta nobreza na Inglaterra.

Em 1308, numa das muitas tentativas de conciliar as divergências entre a Inglaterra e a França, Eduardo II, filho e sucessor de Eduardo I, se casou com Isabel, filha do rei francês Felipe IV. O matrimônio envolveu negociações complicadas, e a exigência de que Eduardo se subordinasse a Felipe como um de seus vassalos em vez de interagir com ele no mesmo nível como monarca foi uma das dificuldades. Apesar das tentativas de impedi-la, a guerra entre a Inglaterra e a França recomeçou em 1324. Como sempre, as possessões inglesas na Gasconha foram o estopim; o novo rei francês Carlos IV exigiu que seu vassalo Eduardo, duque da Gasconha, fosse a Paris lhe prestar homenagem. Eduardo, rei da Inglaterra, decidiu não obedecer. A tensão aumentou e resultou na invasão da Gasconha.

Na tentativa de dar fim ao conflito, Eduardo II passou a Gasconha a seu filho, também chamado Eduardo, e o mandou a Paris para prestar homenagem ao rei francês. Isabel, mulher de Eduardo II, também esta-

> "Na Europa, Eduardo foi um pacificador, embora assim agisse principalmente com esperanças de obter apoio para seu plano de uma Cruzada imensa e unificada."

À direita: A Segunda Guerra dos Barões durou de 1264 a 1267: um grupo de lordes poderosos, comandados por Simão de Montfort, se levantou contra Henrique III da Inglaterra. Henrique foi capturado e, durante algum tempo, governou como testa de ferro, controlado por seus inimigos.

va em Paris e fez o possível para facilitar o acordo, embora suas relações com o marido tivessem mudado consideravelmente nessa época. Depois de fazer a paz com a França, Isabel começou a acumular apoio para uma campanha militar contra o reino do marido.

O reinado de Eduardo II acabou em desastre. Sua política e as alianças com nobres impopulares desagradaram boa parte do país, e quando Isabel e seu filho desembarcaram na Inglaterra, a população de Londres se levantou contra o rei. Eduardo fugiu, na esperança de formar um exército no País de Gales ou, talvez, escapar para a Irlanda. Foi capturado e concordou em abdicar a favor do filho, que em 1327 subiu ao trono como Eduardo III.

Eduardo III reverteu muitas políticas impopulares do pai e conseguiu restaurar a autoridade da Coroa, embora começasse o reinado como títere da mãe e de seu amante Roger Mortimer. Ele aumentou a capacidade militar inglesa e baseou sua tática na cooperação entre a cavalaria blindada e os arqueiros. Esse sistema se mostrara útil nas guerras com a Escócia e, no devido tempo, foi empregado contra a França.

Em 1328, Carlos IV da França morreu. Não havia herdeiros óbvios, mas possíveis pretendentes ao trono. Um deles era Eduardo III, rei da Inglaterra. Ele afirmou seu direito ao trono como filho de Isabel, irmã de Carlos. Essa pretensão não agradou à

Abaixo: Eduardo II da Inglaterra se casou com Isabel de França em janeiro de 1308. Isabel era filha do rei Felipe IV da França, o que deu a seus descendentes a pretensão ao trono francês, que provocaria muito atrito nos anos seguintes.

À direita: Eduardo II e Isabel de França se casaram em Boulogne-sur-Mer em janeiro de 1308; em seguida, Isabel viajou até a Inglaterra e foi coroada rainha consorte em fevereiro. A princípio, a parceria foi bem-sucedida, mas acabou em conflito militar declarado.

nobreza francesa, que citou a lei sálica para frustrar a pretensão de Eduardo. A lei sálica dominava as questões sucessórias francesas desde a época dos reinos francos: o direito de herdar se baseava na primogenitura agnática, ou seja, o trono passaria ao filho homem mais velho do monarca e, se não houvesse nenhum, ao parente mais próximo do sexo masculino. Como a pretensão de Eduardo se baseava na linha feminina, ele estaria completamente fora da linha de sucessão. Em vez dele, o escolhido para suceder Carlos foi seu primo Felipe.

Além de lhe recusarem o trono francês, Eduardo III, como duque da Aquitânia, teria de prestar homenagem ao novo rei. Ele o fez em 1329, mas decidiu usar coroa na cerimônia. Isso pouco serviu para melhorar as relações e, com o aumento da tensão, o rei francês decidiu retomar as terras do duque da Aquitânia. Em resposta, Eduardo questionou o direito de Felipe IV ao trono da França e, apesar de muitos franceses considerarem sua homenagem relutante de 1329 como desistência da pretensão ao trono francês, voltou a insistir nessa reivindicação. A tentativa de Eduardo de desembarcar um exército na França em 1340 enfrentou resistência e provocou a batalha naval de Sluys, com decisiva vitória inglesa. A batalha deu à Inglaterra o controle do Canal da Mancha, permitiu aos reis ingleses organizar expedições quando bem entendessem e reduziu o perigo de uma invasão francesa.

Em 1346, depois de intervir na Guerra da Sucessão da Bretanha, Eduardo começou uma grande expedição contra a França. A campanha se realizou como uma grande invasão e provocou prejuízos políticos e econômicos com pilhagens em vez de tomar e ocupar centros políticos como cidades e castelos. O exército de Eduardo partiu de Caen rumo aos Países Baixos e foi forçado a seguir para o sul pela necessidade de encontrar uma travessia desimpedida do Sena. Isso o levou até perto de Paris, mas Eduardo não sitiou a cidade. Em vez disso, continuou a marcha para nordeste, com o exército francês em sua perseguição.

Finalmente, Eduardo parou, o que resultou na batalha de Crécy. Lá, ele usou forças combinadas em combate, contrastando com a confiança francesa na cavalaria com armaduras pesadas. Cavaleiros desmontados e infantes deram proteção aos arqueiros, que conseguiram romper as desorganizadas cargas francesas. O resultado foi uma vitória decisiva da Inglaterra e levou à captura do porto de Calais.

A GUERRA DAS ROSAS

Essa ação inicial da famosa Guerra dos Cem Anos foi seguida por um período de confusão, provocado principalmente pela Peste Negra. Só em 1356 os ingleses conseguiram realizar novas operações na França. Dessa vez, eles usaram a Gasconha como base e conseguiram capturar o rei João II da França na batalha de Poitiers. A regência resultante na França foi fraca, e os ingleses se aproveitaram dos problemas internos para começar nova invasão.

A meta inglesa era capturar Reims, sede tradicional das coroações francesas. Mas não foi possível; a cidade resistiu a um cerco de cinco semanas, e depois disso o

> "Cavaleiros desmontados e infantes davam proteção aos arqueiros, que conseguiram romper várias cargas francesas, corajosas, mas desorganizadas."

exército inglês marchou sobre Paris, onde foi novamente repelido. Num acordo negociado, Eduardo aceitou o aumento de suas posses na Aquitânia em troca da renúncia à pretensão ao trono francês e a outras regiões, como Anjou e a Normandia.

Depois de um período de paz, a França e a Inglaterra apoiaram pretendentes rivais ao trono de Castela, e a situação voltou a

À esquerda: Na batalha de Crécy, em 1346, Eduardo III da Inglaterra usou o terreno elevado para enfraquecer as cargas da cavalaria francesa. Os arqueiros protegidos por homens de armas desmontados impediram os franceses de romper a linha inglesa, cujo efetivo era menor.

se deteriorar; em 1369, a guerra recomeçou. Embora reafirmasse sua pretensão ao trono francês, havia pouco que Eduardo III pudesse fazer. Sua saúde não era boa, e o filho (também chamado Eduardo, mas geralmente conhecido como o Príncipe Negro) adoecera. Ambos morreram com um ano de diferença, e, em 1377, o filho de Eduardo, o Príncipe Negro, assumiu o trono da Inglaterra como Ricardo II. Na época, tinha 10 anos.

Na infância do rei Ricardo, o reinado foi muito influenciado por um grupo de favoritos da corte. Em 1387, isso foi questionado por um grupo de nobres que se denominava "Lords Appellant", os lordes apelantes, que passaram a controlar o jovem rei e o país nos dois anos seguintes. Ricardo, cada vez mais impopular, conseguiu chegar a um acordo com os Lords Appellant que durou de 1389 a 1397, quando ele agiu com decisão para recuperar o poder.

As ações subsequentes de Ricardo passaram a ser conhecidas como sua "tirania". Ele privou da herança o primo Henrique Bolingbroke, filho de seu tio João de Gante. Na época, Henrique estava no exílio,

Página ao lado: Ricardo II se tornou rei da Inglaterra aos 10 anos, e o poder foi posto nas mãos de um conselho de regentes. Sua tomada do poder subsequente como rei deu início a um período conhecido como sua "tirania".

Abaixo: Privado da herança por Ricardo II, Henrique Bolingbroke voltou do exílio e depôs o rei, assumindo o trono como Henrique IV. Seu reinado foi cheio de conflitos internos, e alguns deles chegaram ao período da Guerra das Rosas.

mas voltou e conseguiu depor Ricardo. Em 1400, Ricardo II morreu na prisão, em circunstâncias um tanto misteriosas.

Henrique VI da Inglaterra

Henrique Bolingbroke foi coroado Henrique IV da Inglaterra e pretendia retomar a guerra em andamento com a França. Mas se envolveu com problemas internos, como rebeliões constantes no País de Gales e atritos com a Escócia. Estes últimos levaram a poderosa família Percy, do norte da Inglaterra, a entrar em conflito declarado com Henrique.

Enquanto isso, a França também lidava com lutas internas pelo poder que resultaram numa trégua na guerra. A paz acabou quando Henrique IV morreu e seu filho assumiu o trono inglês como Henrique V. Em 1413, meses depois da coroação, Henrique V já planejava como aproveitar a fraqueza da França. Ele fez exigências territoriais não aceitáveis para a Coroa francesa e, quando foram inevitavelmente rejeitadas, começaram os planos da ofensiva.

1
AS BASES DA GUERRA DAS ROSAS

Em 1413, quando da coroação de Henrique V, a França estava enfraquecida, o que deu a Henrique a oportunidade de impor sua pretensão à Coroa francesa como descendente de Eduardo III. Provavelmente, a resistência a uma invasão seria lenta, desorganizada e, talvez, morna.

"Por algum tempo, ele foi chamado de Carlos, o Bem-Amado".

O rei francês era impopular, o reino passava por dificuldades financeiras e seria até possível que alguns nobres franceses aceitassem ou, pelo menos, não se opusessem à pretensão inglesa ao trono.

Carlos VI, o rei francês, subira ao trono em 1380, com 11 anos. Juridicamente,

A grande vitória inglesa de Henrique V em Agincourt, em 1415, pode ter provocado o acesso de loucura do rei francês Carlos VI, característica que passou a seus descendentes. A coroação de Henrique V (acima) realizou-se em 1413 na Abadia de Westminster.

não poderia exercer o poder com tão pouca idade, e quatro tios seus — todos, naturalmente, da alta nobreza e com planos próprios — governariam o país até Carlos chegar à maioridade, aos 14 anos. Na verdade, passaram-se muitos mais anos até Carlos se afirmar, e até então seus regentes criaram vários problemas graves.

Os quatro tios de Carlos puseram seus interesses em primeiro lugar e gastaram o dinheiro real em projetos pessoais ou para impedir manobras dos outros. O aumento da tributação para custear toda essa luta interna provocou agitação e inclusive revoltas, até que, finalmente, Carlos assumiu o poder e começou a resolver os problemas. Ele teve sucesso suficiente para se tornar conhecido, por algum tempo, como Carlos, o Bem-Amado, principalmente em virtude do breve período de prosperidade criado por sua política.

Na família de Carlos, o Bem-Amado, havia casos de doença mental; em 1392, Carlos fora acometido pela primeira vez. A caminho da Bretanha, ele sofreu um surto de violenta insanidade e matou integrantes de sua escolta até ser contido. Seguiram-se outros episódios nos quais atacava quem estivesse por perto ou fugia com pavor de atacantes invisíveis. Entre os surtos de insanidade, o rei era racional, mas incapaz de exercer boa governança. Isso provocou novas lutas pelo poder na França, que, aos poucos, se tornaram uma guerra civil entre o duque da Borgonha e uma facção que recebeu o nome de Bernardo, duque de Armagnac.

Com a França em tamanho torvelinho, Henrique V achou que a oportunidade seria excelente para ganhos territoriais. A princípio, o Parlamento se opôs a seus planos e preferiu negociar, mas, no início de 1425, os lordes concordaram em sancionar a guerra com a França.

Conspirações contra Henrique

Embora obtivesse o apoio relutante do Parlamento para invadir a França, Henrique

Abaixo: Em 1392, Carlos VI da França se voltou de repente contra sua escolta e a atacou. Seus surtos subsequentes de insanidade lhe conferiram o apelido de "Carlos, o Louco". Essa tendência à loucura foi transmitida aos descendentes, como Henrique VI da Inglaterra.

Acima: A conspiração lolarda para capturar Henrique V fracassou quando o rei foi alertado. Apesar de declarações de que eram cem mil homens, apenas cerca de trezentos lolardos chegaram a Londres. Eles foram facilmente capturados pelas tropas reais.

> "A caminho da Bretanha, Carlos caiu repentinamente em violenta insanidade e matou integrantes de sua escolta até ser contido."

enfrentou problemas internos que tiveram de ser resolvidos antes de começar uma expedição estrangeira. Em geral, ele conseguiu obter o apoio da nobreza da Inglaterra ao devolver propriedades e títulos aos que os tinham perdido durante o reinado de seu pai. Mas seus dois primeiros anos no trono não foram isentos de problemas.

Um dos desafios veio do movimento religioso dos lolardos, que se opunham a vários fundamentos da Igreja Católica. Eles acreditavam que religião era uma questão muito pessoal e que as Escrituras deveriam ser acessíveis a todos que soubessem ler inglês. Também discordavam da ideia de uma Igreja rica e politicamente poderosa e acreditavam que a religião deveria se separar da política. Essas ideias perigosas eram contrárias à ordem aceita, embora alguns nobres poderosos apoiassem o movimento.

Entre eles estava João de Gante, duque de Lancaster e avô de Henrique V da Inglaterra. Outros nobres adotavam os conceitos do lolardismo, mas tendiam a ser discretos

34 **A GUERRA DAS ROSAS**

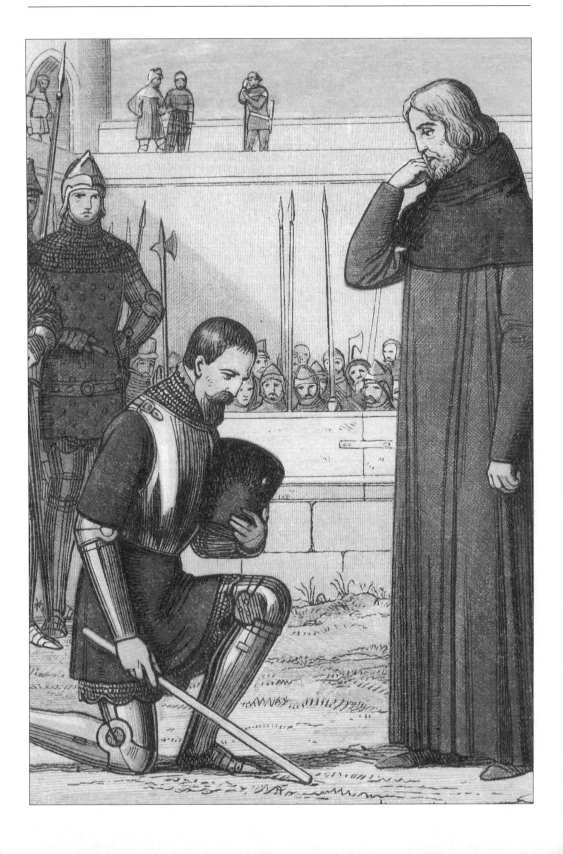

nesse apoio a uma corrente que, na época, era considerada herética. O movimento lolardo era visto como ameaça grave à estrutura social existente, a tal ponto que Henrique IV, filho de João de Gante, aprovou leis que proibiam alguns aspectos da prática lolarda, como traduzir a Bíblia para o inglês, e autorizavam a prática de punir a heresia com a morte na fogueira, o que continuou durante o reinado de Henrique V. Na verdade, pouco antes da coroação em 1413, seu amigo John Oldcastle foi acusado de heresia por ser do movimento lolardo. Henrique V tentou convencer Oldcastle a renegar as crenças heréticas, mas ele não o fez.

Isso deixou Henrique numa posição difícil. Ele não queria agir contra o amigo, mas o lolardismo era uma ameaça grave à estabilidade do reino, e Henrique precisava tanto do apoio da Igreja quanto da alta nobreza. Ele permitiu que o processo contra Oldcastle seguisse seu curso, mas lhe concedeu uma prorrogação enquanto continuava a tentar convencê-lo. Essas meias-medidas funcionaram contra Henrique. Oldcastle fugiu da Torre de Londres e comandou uma insurreição lolarda contra a Coroa. Seu plano era sequestrar o rei Henrique e instalar-se como regente, o que permitiria a imposição de reformas sociais e religiosas. Henrique foi avisado da conspiração, que não deu em nada, mas Oldcastle continuou a ser um incômodo até 1417. Ele se envolveu em várias conspirações nos anos seguintes, inclusive na de Southampton. A maioria dessas tramas pouco resultado obteve, e finalmente Oldcastle foi capturado.

Página ao lado: Como filho de João de Gante, Henrique Bolingbroke estava na linha de sucessão ao trono. No entanto, o sucesso da tentativa de ocupá-lo se deveu mais à impopularidade crescente de Ricardo II do que à legalidade de sua pretensão.

Ele foi executado em 1417, embora as fontes divirjam quanto à forma de execução: se foi queimado como herege ou primeiro enforcado e depois, queimado. Seja como for, Henrique V foi forçado a mandar executar o velho amigo de um modo horrível em prol da estabilidade do reino.

A pretensão de Edmund Mortimer

Um problema mais persistente foi a pretensão de Edmundo Mortimer ao trono inglês. Ele era conde de March e descendia do segundo filho de Eduardo III. Isso lhe daria mais direito ao trono do que a Henrique V, que descendia do terceiro filho de Eduardo. Mortimer e seu pai também tinham sido her-

> "Oldcastle foi capturado e executado em 1417, embora as fontes divirjam: ou foi queimado como herege ou primeiro enforcado e depois, queimado."

deiros presuntivos de Ricardo II. Em essência, isso significava que, a menos que Ricardo tivesse um filho como herdeiro, os Mortimer herdariam o trono da Inglaterra. Isso mudou quando Ricardo II foi deposto pelo primo Henrique Bolingbroke (Henrique IV).

Em 1403, a poderosa família Percy dos condes de Northumberland se revoltou e tentou derrubar Henrique IV. A tentativa foi malsucedida, e alguns líderes foram capturados e condenados à morte por enforcamento, arrastamento e esquartejamento. O conde de Northumberland conseguiu fugir para a Escócia e montar outro exército. A segunda tentativa, em 1405, também foi derrotada. Dessa vez, os líderes rebeldes foram julgados em circunstâncias irregulares e condenados à morte por decapitação. Em 1408, um terceiro levante também foi completamente derrotado. Na derrota dessas rebeliões, foi providencial o rapaz que se tornaria Henrique V.

Na época das rebeliões de 1403-1408, persistiam os boatos de que Ricardo II ainda

> "A intenção era matar Henrique e seus irmãos em Southampton enquanto se fizessem os últimos preparativos para invadir a França."

estava vivo, talvez exilado na corte da Escócia. Um levante bem-sucedido o devolveria ao trono no lugar de Henrique IV, que o depusera. Como alternativa, Edmundo Mortimer, conde de March, seria um excelente candidato para substituir Henrique. É claro que os levantes fracassaram, mas a intriga continuou depois que Henrique IV morreu e seu filho Henrique V subiu ao trono.

No reinado de Henrique IV, Edmundo Mortimer e o irmão Rogério passaram vários anos sob atenta supervisão, e o jovem Henrique V foi guardião dos dois durante boa parte desse período. Edmundo e Henrique eram mais ou menos da mesma idade e, apesar do ressentimento que poderia alimentar por não ser mais herdeiro do trono, Edmundo se tornou partidário leal de Henrique. Como um de seus primeiros atos como rei, Henrique V libertou os irmãos Mortimer e lhes concedeu a Ordem do Banho. Mortimer estava no Parlamento de 1415 que concordou com a guerra contra a França e, mais tarde, participou da companha de Henrique. Enquanto isso, soube do desenvolvimento de uma conspiração.

Conhecida como Conspiração de Cambridge ou de Southampton, o plano era encabeçado pelo conde de Cambridge. A intenção era matar Henrique e seus irmãos em Southampton, durante os últimos preparativos para a invasão da França, e coroar Mortimer como rei. No entanto, este revelou a trama a Henrique, e os líderes foram presos. Mortimer participou da investigação que condenou à morte o conde de Cambridge, seu cunhado.

Mais tarde, Mortimer acompanhou Henrique à França, mas voltou ao contrair disenteria durante o cerco de Harfleur. Participou de campanhas posteriores e teve papel de destaque na coroação de Catarina de Valois, a noiva francesa de Henrique. Sua forte pretensão ao trono poderia ter feito dele e de seus descendentes uma ameaça, caso se formasse outra conspiração em torno da família, mas Mortimer morreu sem problemas. Com sua morte em 1425, os títulos e a propriedade passaram para Ricardo, duque de York.

As campanhas de Henrique na França

Enquanto se desenrolava a Conspiração de Southampton, Henrique V formou um exército para invadir a França. Suas forças desembarcaram em agosto de 1415 e marcharam rapidamente para cercar o porto de Harfleur. O sítio, que ficou famoso com a peça de Shakespeare, foi realizado para as-

Página ao lado: Edmundo Mortimer era uma possível ameaça a Henrique IV e, portanto, foi preso e atentamente vigiado. Tornou-se amigo e partidário de seu captor, o jovem Henrique V, e foi libertado assim que este se tornou rei.

segurar a comunicação com a Inglaterra. A posse do porto permitiria o transporte de reforços e suprimentos sem dificuldades indevidas, e até que isso fosse assegurado o exército de Henrique estaria em posição difícil, sem possibilidade de reforços nem retirada caso ficasse seriamente ameaçado.

O cerco seguiu um padrão bastante convencional para a época. Depois de cercar a cidade para isolá-la, os ingleses instalaram uma bateria de canhões, protegida por arqueiros, e criaram brechas nas muralhas. Os defensores ofereceram um acordo pelo qual a cidade se renderia se não fosse resgatada até 23 de setembro. Além de reforços locais reunidos às pressas assim que os ingleses chegaram, nenhum exército

Página ao lado: Representação dramática e imaginosa da batalha de Agincourt. A boa escolha do terreno por Henrique V afunilou a força francesa superior e provocou uma matança na qual os arqueiros ingleses tiveram eficácia devastadora.

> "A retirada para a Inglaterra não seria aceitável, porque a campanha pareceria um fracasso, e Henrique resolveu marchar para Calais."

francês apareceu durante o mês do cerco, e Harfleur se rendeu devidamente. Embora capturasse seu primeiro objetivo, Henrique não estava em boa posição. Um surto de disenteria entre os soldados, somado às baixas do sítio, reduziu o exército a ponto de não ser possível continuar a campanha com eficácia. A retirada para a Inglaterra não seria aceitável porque a campanha pareceria um fracasso, e Henrique resolveu marchar para Calais.

Seu plano era uma variação da tática bem conhecida da cavalgada. Como o nome indica, normalmente ela era um ataque montado veloz, mas Henrique pretendia ob-

À esquerda: O arco longo foi fundamental na tática inglesa por permitir que as forças inglesas atacassem a distância. Os inimigos que conseguissem se aproximar teriam de enfrentar filas de estacas bem posicionadas e uma força de homens de armas desmontados que protegiam os arqueiros.

AS BASES DA GUERRA DAS ROSAS

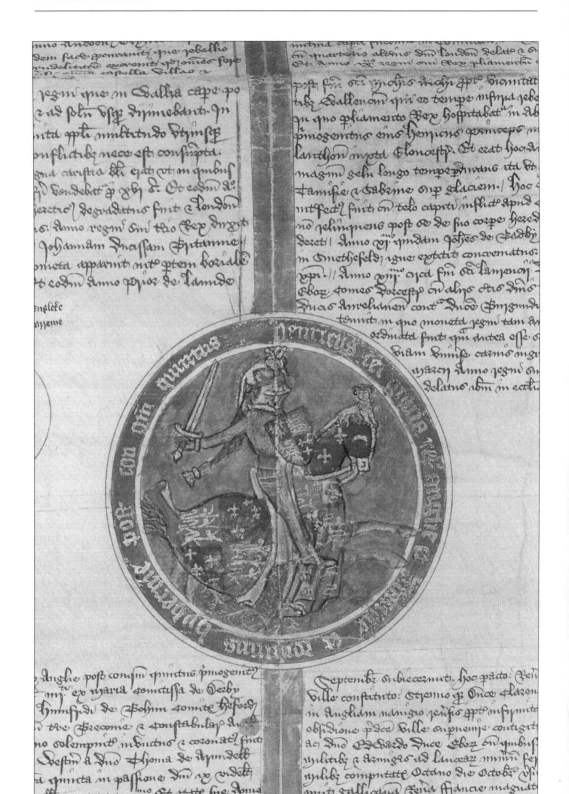

Página ao lado: Como todos os outros aspectos da monarquia, o selo real era bastante grandioso. Significava que o documento tinha força de lei e que, talvez de modo mais importante, representava a vontade de um rei disposto a lutar para que fosse cumprida.

ter praticamente o mesmo nível de destruição com um exército composto principalmente de infantes em território inimigo. Seu exército destruiria tudo o que não pudesse carregar, enfraquecendo os franceses econômica e politicamente ao demonstrar a incapacidade do rei francês de defender seu território.

O ataque permitiria ao exército reduzido de Henrique realizar o suficiente para a campanha ser considerada um sucesso, mas

> "Henrique ordenou que os prisioneiros fossem executados para que não voltassem a pegar em armas. Não foi seu único ato impiedoso como comandante."

chegar a Calais exigia cruzar o Rio Somme, o que, por sua vez, tornava necessário avançar para o Sul até encontrar um ponto viável para a travessia. Enquanto isso, os franceses montavam um exército e agora se deslocavam para enfrentar os invasores ingleses. Eles conseguiram se posicionar entre o exército de Henrique e seu destino. Incapaz de romper contato e de contornar as hostes francesas, Henrique foi forçado a lutar perto de Agincourt, no nordeste da França.

Os franceses tinham em campo cerca de vinte mil soldados sob o comando de Charles d'Albret, condestável da França. Estrategicamente, tinham enorme vantagem sobre os ingleses, que contavam com efetivo muito menor, escassez de suprimentos e doenças. A maioria dos cerca de seis mil soldados ingleses em campo era de arqueiros, muitos deles com disenteria tão severa que lutaram sem calças. Os ingleses tinham em campo cerca de 750 homens com armadura; os franceses, cerca de sete mil a cavalo e o dobro de infantes. O exército francês, portanto, tinha mais mobilidade, além de maior eficiência em combate, e poderia simplesmente ficar entre Henrique e seu objetivo e esperar que os suprimentos dos ingleses se esgotassem. No entanto, quando o exército inglês avançou até o alcance dos arcos e começou a atingir com flechas sua linha de frente, os franceses decidiram atacar.

A cavalaria francesa foi canalizada numa frente bastante estreita pelos bosques nos dois lados do campo de batalha, o que criou condições ideais para os arqueiros ingleses. Os que chegaram à linha inglesa, lutando sobre os camaradas derrubados e em terreno que logo se enlameou, foram atacados pelos homens de armas ingleses. Apesar de muito pressionado, o exército de Henrique, em desvantagem numérica, conseguiu repelir os ataques franceses e retomar a marcha para Calais. No entanto, em certo momento a situação ficou tão crítica que Henrique ordenou que os prisioneiros fossem executados para evitar que voltassem a pegar em armas. Esse não foi seu único ato impiedoso como comandante, embora tivesse razões práticas e não fosse um simples capricho.

A vitória em Agincourt não mudou muito o quadro estratégico, embora Harfleur permanecesse em mãos inglesas apesar da tentativa de retomar o porto em 1416. A partir de 1417, Henrique teve sucesso em novas campanhas e sitiou Rouen até que se rendesse, em 1419. Ali, mais uma vez, Henrique se mostrou implacável e executou muitos que haviam se oposto a ele. Também se recusou a permitir a passagem de mulheres e crianças para fora da cidade faminta, condenando-as à morte lenta entre as muralhas da cidade e as linhas de sitiantes.

O Tratado de Troyes

No final de 1419, o exército de Henrique chegou a Paris, onde a corte estava enfraquecida pelas lutas políticas internas e pela insanidade de Carlos VI — agora não mais "o Bem-Amado", e sim "Carlos, o Louco". Sem probabilidade real de resistência bem-sucedida, Carlos foi forçado a assinar o Tratado de Troyes, que nomeava Henrique da Inglaterra regente da França e seu herdeiro. Em 1420, Henrique desposou Catarina, filha de Carlos. Ela lhe deu um filho, que viria a ser Henrique VI da Inglaterra e que teria a mesma tendência à insanidade do avô.

Henrique V continuou a campanha francesa em 1421-1422, mas não foi coroado rei da França. Morreu em campanha doente apenas dois meses depois da morte de Carlos VI, deixando o filho bebê como rei da Inglaterra e criando um vácuo de poder que, em última análise, provocou a Guerra das Rosas.

O início da vida de Ricardo de York

Ricardo Plantageneta nasceu em 1411 e se tornou duque de York com a morte do tio Eduardo na batalha de Agincourt. Na época, ele tinha 4 anos e ficou sob a proteção de Ralph Neville, duque de Westmoreland.

Abaixo: Ricardo, duque de York, foi um comandante militar bem-sucedido e era popular na Inglaterra. Até o nascimento do futuro Henrique VI, Ricardo era o herdeiro presuntivo do trono inglês e foi regente durante o primeiro episódio de loucura de Henrique VI.

No mesmo ano, Ricardo de Conisburgh, pai do menino e conde de Cambridge, foi executado por sua participação na conspiração de Southampton.

Ricardo, agora Ricardo de York, era bisneto de Eduardo III. Estava um tanto afastado da linha direta de sucessão; o avô Edmundo de Langley era o quarto filho do rei, e o pai de Ricardo, seu segundo filho. Ainda assim, Ricardo tinha direito de sangue ao trono, caso não houvesse herdeiros mais próximos. Pelo lado materno, Ricardo era sobrinho de Roger Mortimer, conde de March. Mortimer também descendia de Eduardo III por meio de Leonel de Antuérpia, seu segundo filho sobrevivente. Portanto, era mais próximo de Eduardo III do que Henrique VI, já que a linhagem de Henrique vinha do terceiro filho de Eduardo.

Na Idade Média, um duro fato da vida era que um parente próximo poderia ser executado e os herdeiros teriam de interagir com o homem que ordenara a execução e até servi-lo num cargo importante. E assim foi com Ricardo de York; ele fazia parte do sistema social encabeçado por Henrique V e, portanto, era um servidor da Coroa. O pai de Ricardo morreu por tramar o assassinato do rei, mas seu tio morreu lutando lealmente ao lado de Henrique em Agincourt.

AS BASES DA GUERRA DAS ROSAS

Abaixo: João Beaufort, duque de Somerset, era um dos favoritos do rei, mas mau comandante militar. Sua campanha na Gasconha só gerou derrota e desgraça, com o efeito colateral de aumentar a insatisfação de Ricardo de York.

O envolvimento de um membro da família num ato de traição poderia ser desastroso para todos os parentes, mas o mais comum era que o indivíduo fosse punido e a família continuasse com as terras e os títulos. Um rei vingativo ou que quisesse transferir o poder e a riqueza para seus favoritos poderia usar os crimes de um membro da família como desculpa para despojá-la de terras e títulos, mas se exagerasse enfraqueceria a estrutura social que lhe dava apoio. Portanto, embora boa parte das terras do tio de Ricardo voltassem à Coroa de acordo com os termos pelos quais foram concedidas, Ricardo manteve o suficiente para se tornar rico e poderoso ao chegar à idade adulta; portanto, ele era um membro importante da corte. Sua posição melhorou ainda mais quando herdou as terras do conde de March, em 1425.

Nessa época, Ricardo de York era o homem mais poderoso da Inglaterra depois do rei e, potencialmente, uma ameaça. Uma maneira de afastá-lo dos problemas era mandá-lo para o exterior numa missão importante; assim, em 1436 ele recebeu a tarefa de proteger as possessões inglesas na França. No devido tempo, acabou nomeado Lugar-Tenente da França. Esse era um cargo de grande confiança e responsabilidade; Ricardo era o representante do rei no continente europeu e detinha enorme poder político e militar. Ele também teve de assumir certa responsabilidade financeira pelas tropas sob seu comando e contribuiu com grandes quantias para a manutenção do exército. Isso não era nada de novo; seu antecessor, o duque de Bedford, fizera o mesmo.

Manutenção das possessões inglesas

No entanto, os recursos militares de Ricardo não eram suficientes para manter as possessões inglesas no norte da França. Com o Tratado de Arras, assinado em 1435, o ducado da Borgonha passou da aliança com a Inglaterra ao alinhamento com a França, liberando recursos franceses para usar contra a Inglaterra e acabando também com o apoio borguinhão à pretensão inglesa ao trono da França. A situação piorou em 1443 com uma campanha cara e malfadada na Gasconha que, comandada por João Beaufort, que acabara de passar de conde a duque de Somerset, foi um desastre. As forças de que Ricardo de York precisava para manter a Normandia foram desperdiçadas na Gasconha, sem nada conseguir. Beaufort morreu em 1444, possivelmente por suicídio.

O insatisfação de Ricardo com a situação na Inglaterra e sua antipatia pela família Beaufort podem ter nascido desse incidente. Sua posição fora diminuída com a nomeação de Beaufort para comandar a campanha gasconha; efetivamente, Ricardo passou de Lugar-Tenente Real na França a mero responsável pela Normandia. Ele voltou à Inglaterra em 1445 e lá se opôs ao recente acordo de paz com a França. Em

A CASA DE LANCASTER

O PRIMEIRO DUQUE de Lancaster foi Henrique de Grosmount, conde promovido a duque principalmente pelo serviço excepcional na guerra contra a França. Em seguida, o título passou a João de Gante, casado com a filha de Henrique. João de Gante era filho de Eduardo III e foi poderosíssimo enquanto seu sobrinho Ricardo II não tinha idade para governar por conta própria.

João de Gante morreu em 1399, e suas terras foram tomadas por Ricardo II. Henrique Bolingbroke, filho e herdeiro de João, voltou do exílio, depôs Ricardo e se tornou o primeiro rei inglês da casa de Lancaster. Seu filho Henrique V e o neto Henrique VI continuaram a dinastia lancastriana até que Henrique foi deposto em 1461. De 1422 a 1453, Henrique também foi rei da França, embora isso fosse questionado.

Durante um breve período, de 1470 a 1471, Henrique voltou a reinar na Inglaterra; depois disso, morreu em cativeiro na Torre de Londres. Eduardo, seu único filho, foi morto em combate em 1471, e depois disso Henrique Tudor se tornou o principal candidato real da causa lancastriana. No entanto, seu reinado como Henrique VII deu início à nova dinastia Tudor e não continuou a dinastia de Lancaster.

À esquerda: Lancaster era possessão de Simão de Montfort, que encontrou a morte em combate contra o príncipe Eduardo (Eduardo III), que comandava as forças de seu pai Henrique III. As terras voltaram às mãos da família real e acabaram se tornando um ducado.

A CASA DE YORK

Assim como a casa de Lancaster, a casa de York descendia da dinastia inglesa dos Plantagenetas. O primeiro duque de York foi Edmundo de Langley, quarto filho de Eduardo III, que serviu de regente enquanto Ricardo II estava em campanha e ocupou outros cargos importantes. Sua promoção a duque de York aconteceu em 1385.

Em 1399, Edmundo de Langley se opôs ao desembarque de Henrique Bolingbroke (Henrique IV), mas decidiu apoiá-lo na deposição de Ricardo II. No entanto, a casa de York logo se desentendeu com a dinastia lancastriana governante. Eduardo de Norwich (segundo duque de York), filho de Edmundo, morreu em combate em Agincourt; no mesmo ano, seu segundo filho, Ricardo de Conisburgh, se envolveu na conspiração de Southampton contra Henrique V e foi decapitado.

Ricardo de Conisburgh era pai de Ricardo Plantageneta, duque de York, principal candidato yorkista ao trono e líder da facção yorkista até morrer em 1460. O neto de Conisburgh se tornou Ricardo III e foi o último rei Plantageneta da Inglaterra; seu único filho legítimo, Eduardo de Middleham, morreu em 1484.

Elizabeth de York, sobrinha de Ricardo III, se casou com Henrique Tudor — o melhor candidato lancastriano remanescente ao trono — e, juntos, eles deram início à dinastia Tudor, da qual fizeram parte Henrique VIII e Elisabete I. Seu emblema era a Rosa Tudor branca e vermelha que simbolizava a união das duas grandes casas e o fim de um período muito sangrento da história inglesa.

Acima: Edmundo de Langley foi o primeiro duque de York. Era irmão de Eduardo, o Príncipe Negro, e de João de Gante. Lutou na França em diversas ocasiões e combateu ao lado do Príncipe Negro no sítio de Limoges.

Acima: Humphrey, duque de Gloucester, era forte defensor da guerra com a França e se tornou inimigo da família Beaufort a partir de 1425. A princípio contido pelo amigo duque de Bedford, depois da morte deste a inimizade de Gloucester ficou ainda mais profunda.

1448, muito possivelmente para afastá-lo da corte, Ricardo foi nomeado Lugar-Tenente da Irlanda. A Lugar-Tenência da França passou a outro integrante da família Beaufort: Edmundo, conde de Somerset. Este foi promovido a duque de Somerset em 1448, como acontecera com o irmão mais velho João, mas teve o mesmo insucesso na França.

A Irlanda era um posto importante, mas com menos prestígio do que a França. A nomeação, que deveria durar dez anos, o deixaria longe da política da corte durante esse período e manteria a ficção bem educada de que a lugar-tenência era uma honra e uma necessidade. No entanto, Ricardo de York só chegou à Irlanda em 1449, ocupando-se até então com a administração de suas propriedades e com outros problemas urgentes. Ele continuou a ser um duro crítico da política em relação à França e insistia na guerra em vez da tentativa de criar uma paz duradoura, mas era incapaz de exercer maior influência a uma distância tão grande.

Conflitos na regência

Em 1422, quando Henrique V morreu, Henrique VI tinha menos de 1 ano. Carlos VI da França, seu avô materno, faleceu dois meses depois, fazendo tecnicamente do pequeno Henrique também rei da França. Ele só foi coroado em 1429 na Inglaterra e, no ano seguinte, na França, mas mesmo depois disso ainda era criança e não exercia o poder.

Nesse período, o reino de Henrique foi administrado por um conselho de grandes nobres encabeçado por seu tio Humphrey, duque de Gloucester. Humphrey era o irmão mais novo de Henrique V e, aparentemente, bastante leal a ele. Quando se feriu em Agincourt, o rei seu irmão o defendeu pessoalmente contra cavaleiros franceses. Humphrey encabeçou o inquérito da conspiração de Southampton e era uma opção lógica para o papel de Lorde Protetor enquanto o filho de Henrique V era bebê, embora essa pretensão fosse contestada por outros.

O papel de Lorde Protetor seria exercido por Gloucester e pelo irmão mais velho João de Lancaster, duque de Bedford. No entanto, como Regente da França Bedford estava muito ocupado com a guerra contra os franceses. Embora adversários de Gloucester lhe pedissem várias vezes que voltasse para assumir a regência da Inglaterra, Bedford não o fez. Em vez disso, derrotou os franceses, apesar da intercessão de Joana d'Arc, possibilitando a coroação de Henrique VI como rei da França.

Entre os principais adversários de Gloucester estava o cardeal Henrique Beaufort, que, mais de uma vez, ocupara o cargo de Lorde Chanceler da Inglaterra. O cardeal Beaufort presidiu o julgamento de Joana d'Arc e a condenou à morte em 1431; depois disso, afastou-se aos poucos das posições de destaque. João de Bedford morreu em 1435, deixando Humphrey de Gloucester como regente e herdeiro presuntivo. Durante algum tempo, foi poderosíssimo, mas sua influência na corte diminuiu e, finalmente, ele foi superado por William, conde de Suffolk, que era favorito do jovem rei e usou seu apoio em proveito próprio.

> "Henrique VI só foi coroado em 1429 na Inglaterra e, no ano seguinte, na França, mas mesmo depois disso ainda era criança e não exercia o poder."

Acima: O cardeal Henrique Beaufort era filho de João de Gante e foi adversário de Gloucester durante muito tempo. Defendia a paz com a França e acabou conseguindo um armistício em 1444.

Suffolk foi conde até 1444, quando a combinação de aliança com o cardeal Beaufort e a negociação do Tratado de Tours o fizeram ser promovido a marquês. O tratado incluía uma cláusula que cedia Anjou e o Maine à Coroa francesa em troca do casamento de Henrique VI com Margarida de Anjou. A entrega das terras foi escondida do Parlamento.

Gloucester era popular entre os habitantes de Londres e de outras áreas onde ocupou cargos, mas foi marginalizado na corte e acabou derrubado pelos inimigos. Sua segunda esposa Leonor Cobham foi acusada de feitiçaria contra o rei. Pessoas ligadas a ela foram acusadas de necromancia e condenadas à morte; ela foi forçada a se divorciar de Humphrey de Gloucester e presa. Isso desgraçou Gloucester, que acabou preso por traição em 1447. Morreu dias depois, provavelmente de causas naturais e não, como sugeriram boatos na época, por envenenamento.

A prisão de Gloucester aconteceu por instigação de Suffolk, que continuou a gozar do favor real. No entanto, em 1446 o acordo que cedeu Maine e Anjou se tornou público e provocou grande desagrado e feroz oposição de nobres como Ricardo de York. Essa foi uma das razões para York ser mandado para a Irlanda. Suffolk foi promovido a duque de Somerset em 1448 e recebeu vários cargos de prestígio, como Lorde Almirante-Mor da Inglaterra. Ele dominava a corte na época, com Henrique VI quase totalmente sob sua influência. No entanto, uma série de desastres na França provocou a perda de um grande território e aumentou o mal-estar com sua negociação do Tratado de Tours.

A impopularidade crescente e a responsabilidade pelos numerosos reveses na França puseram Suffolk sob suspeita e, em 1450, ele foi preso. Henrique VI interveio a favor do amigo, mas não pôde impedir que fosse condenado a cinco anos de exílio. Suffolk embarcou para Calais, mas nunca chegou lá. Por ordem do duque de Exeter, seu navio foi interceptado, e ele, pego e decapitado.

Enquanto isso, Edmundo Beaufort, outro favorito real, também foi promovido de conde a duque de Somerset. Ele tentou reverter as perdas recentes na França, mas não conseguiu. Em 1453, o único território francês que continuava em mãos inglesas era Calais. Nessa época, Henrique VI tinha pouco mais de 30 anos e deveria ser capaz de administrar os negócios do estado. Mas era um indivíduo fraco e muito influenciável, cuja corte era dominada por favoritos como Somerset. Embora a regência terminasse quando Henrique chegou à maioridade, a luta pelo controle do poder no reino continuou em torno dele sem se atenuar.

> "Embora a regência terminasse quando Henrique chegou à maioridade, a luta pelo controle do poder no reino continuou sem se abater."

Página ao lado: Leonor Cobham, segunda esposa de Humphrey de Gloucester, foi forçada a pagar penitência depois de acusada de necromancia e traição. Seus supostos colegas conspiradores foram executados. O caso prejudicou a reputação de Gloucester, embora ele não fosse envolvido.

AS BASES DA GUERRA DAS ROSAS 49

2
INÍCIO DO REINADO DE HENRIQUE VI

Henrique VI nasceu em 6 de dezembro de 1421. A mãe, Catarina de Valois, era filha do rei francês Carlos VI. Seu casamento com Henrique V da Inglaterra fez parte de um tratado que envolveu prolongadas negociações para resolver disputas territoriais entre a Inglaterra e a França.

"Faltava-lhe a teimosia necessária para ser um rei forte."

O sucesso não foi completo; em 1421, Henrique V da Inglaterra partiu de novo em campanha contra a França. Lá, adoeceu e morreu, provavelmente de disenteria contraída no sítio de Meaux. Isso deixou como rei da Inglaterra seu filho pequeno; dois meses depois, quando Carlos da França morreu, o menino também se tornou rei da França.

Criança ainda, Henrique VI foi coroado rei da Inglaterra em 1429 e rei da França em 1431. O casamento de Catarina de Valois (acima) com Henrique V da Inglaterra levou a loucura hereditária para a dinastia governante inglesa, com terríveis consequências.

Henrique VI ficou aos cuidados de Ricardo de Beauchamp, conde de Warwick. Warwick era um leal defensor da Coroa que conquistara honras em combate, tanto na França quanto com a rebelde família Percy e com Owen Glendower, último pretendente a príncipe de um País de Gales independente. Era um homem bem viajado que estivera na Terra Santa, na Itália, na Lituânia, na Rússia e em vários Estados alemães. Em 1428, Warwick foi encarregado da educação do jovem rei, e cuidou para que Henrique fosse criado como um homem pio e bondoso. Talvez nesse aspecto o sucesso de Warwick tenha sido demasiado; Henrique era um bom homem, muito instruído, mas não era guerreiro e lhe faltava a teimosia necessária para ser um rei forte. Facilmen-

CATARINA DE VALOIS

FILHA DE CARLOS VI da França e de Isabel da Baviera, Catarina, embora não muito instruída, era ainda assim uma pretendente desejável para Henrique, príncipe de Gales (mais tarde, Henrique V). As primeiras propostas não deram em nada, principalmente porque os ingleses também queriam terras e um grande dote, mas, finalmente, houve um acordo, e o Tratado de Troyes foi assinado em 1420. Em grande medida, isso aconteceu devido à intercessão de Isabel, mãe de Catarina, que servia de regente enquanto o marido sofria seus frequentes surtos de insanidade.

O Tratado de Troyes não deu fim ao conflito entre a Inglaterra e a França; Henrique V, marido de Catarina, morreu em campanha na França no ano de 1422. Mais tarde, Catarina se casou com Owen Tudor, apesar das tentativas da alta nobreza inglesa de impedi-la. O mais velho de seus quatro filhos foi Edmundo de Hadham, conde de Richmond, cujo filho, Henrique Tudor, tornou-se Henrique VII.

Abaixo: Catarina de Valois não foi mãe apenas de Henrique VI da Inglaterra; com o segundo marido Owen Tudor, também foi avó de Henrique Tudor, cujo reinado deu fim à Guerra das Rosas.

te conduzido pelos que conquistavam seus favores, mais tarde ele permitiu que a corte fosse dominada por homens poderosos, de vontade forte, cujos interesses nem sempre se alinhavam aos da Inglaterra como nação.

A partir de 1423, o menino Henrique VI apareceu em público como rei e frequentou o Parlamento. Sua coroação em Westminster aconteceu em 1429 e em Paris, em 1431. Esse primeiro período do reinado de Henrique foi caracterizado por choques na corte entre a facção que insistia num esforço maior na guerra com a França e a facção favorável à paz, liderada pela família Beaufort. O partido belicoso era encabeçado por Humphrey de Gloucester, o mais destacado dos assessores de Henrique VI até sua maioridade em 1442.

Depois do declínio de Gloucester, William, duque de Suffolk, o substituiu como principal assessor. Suffolk insistiu na paz com a França e esforçou-se ao máximo para possibilitá-la. O casamento de Henrique com Margarida de Anjou fez parte desse processo de paz, negociado principalmente

Página ao lado: A coroação de Henrique VI foi uma cerimônia solene e grandiosa, embora o menino não pudesse exercer o poder. Com o tempo, ele se tornaria um homem quase igualmente incapaz de cumprir seu papel de rei.

INÍCIO DO REINADO DE HENRIQUE VI

por Suffolk, e, quando ela chegou à Inglaterra, o duque era uma das poucas pessoas que a nova rainha consorte já conhecia. Suffolk serviu de representante de Henrique VI na cerimônia de casamento realizada na França; em seguida, Margarida foi para a Inglaterra e se casou com Henrique na Abadia de Titchfield, em 1445. Na época, ela estava com 15 anos, mas já demonstrava a personalidade forte e a pouca disposição a ceder que caracterizaria seu papel posterior na Guerra das Rosas. Talvez não surpreenda que, na política da corte, ela ficasse ao lado de Suffolk e de seu partido favorável à paz.

Por sua vez, Suffolk se beneficiou tanto com a amizade de Margarida de Anjou quanto com o relacionamento com o rei. Seu domínio sobre a corte inglesa se tornou quase completo, apesar de Margarida ser muitíssimo mais decidida que o marido. Ela não se privou de buscar vantagens financeiras para si e para seus favoritos, o que provocou ainda mais insatisfação entre os que saíram perdendo.

Em 1450, Suffolk se tornou tão impopular que foi preso e impugnado pelo Parlamento. Isso permitiu que Margarida de Anjou surgisse como uma força na política inglesa. Sua influência aumentou com o nascimento do filho Eduardo, em 1453, mas nesse ano Henrique VI também sofreu o primeiro de vários surtos de loucura. Isso

À esquerda: O castelo de Warkworth era a possessão primária de Henry Percy, primeiro conde de Northumberland. A família Percy era importante para a segurança do norte da Inglaterra, mas se tornou tão poderosa que suas disputas afetaram a política do reino como um todo.

foi com a briga entre as famílias Percy e Neville. A família Percy, dos condes de Northumberland, tinha um histórico de rebelião contra a Coroa. No entanto, depois da morte de Henrique IV houve certa reconciliação, e os Percy foram primariamente encarregados de proteger o norte da Inglaterra das incursões escocesas.

Os Neville também possuíam terras no norte da Inglaterra, e monarcas anteriores os tinham usado como contrapeso à poderosa família Percy. Tradicionalmente, os cargos de Guardião do East March (com centro em Berwick) e Guardião do West March (com centro em Carlisle) tinham sido ocupados pela família Percy, mas depois das rebeliões dos primeiros anos do século XV esses cargos foram transferidos para os Neville.

Embora a família Percy recuperasse o East March em 1417, o cargo de Guardião

criou a necessidade de um Lorde Protetor que governasse enquanto Henrique estivesse incapacitado, o que, por sua vez, provocou décadas de lutas pelo poder.

Discórdia na Inglaterra

Num país governado por um rei fraco, a disputa entre nobres poderosos podia se transformar em guerra declarada. E assim

À direita: Margarida de Anjou era praticamente o oposto do marido: arrogante, de vontade forte, não se importava de ofender os que a cercavam. Tinha o mesmo amor à instrução de Henrique VI, mas fora isso eles se assemelhavam em poucos aspectos.

do West March permaneceu com os Neville. Essas nomeações conferiam muito poder e prestígio, e as frequentes escaramuças com a Escócia davam aos guardiões um corpo de soldados experientes. Também eram cargos financeiramente valiosos, com recursos fornecidos aos guardiães pela Coroa. Isso gerou algum conflito porque às vezes a Coroa deixava de pagar o que devia, mas em termos gerais o cargo de Guardião era um posto poderoso e muito valorizado.

As relações pioraram quando as famílias Neville e Percy lutaram em lados opostos nas rebeliões do início do século XV, e, quando os Neville recrutaram homens da região para servir ao Guardião dos West Marches, surgiram novos conflitos. Muitos desses homens eram vassalos da família Percy, dona das terras onde eles viviam. Essa superposição de terras familiares e nomeações reais se agravou com o fato de que os Neville estavam em melhor situação financeira e podiam sustentar a região melhor do que seus lordes Percy.

Enquanto lutavam contra a Escócia, forças leais aos Percy atravessaram parte de West March sem permissão. Foi praticamente um incidente diplomático que poderia ter sido resolvido por um rei forte. Isso Henrique VI não era, e, na ausência de intervenção real, as relações entre as famílias Neville e Percy pioraram até chegar ao conflito declarado. A nomeação de William Percy como bispo de Carlisle foi considerada uma afronta pelos Neville, e logo ambas as famílias travavam uma campanha surda

> "Embora a família Percy recuperasse o East March em 1417, o cargo de Guardião do West March permaneceu com os Neville."

À direita: O castelo de Raby foi construído por John Neville no final da década de 1330. A briga entre as famílias Neville e Percy era anterior à Guerra das Rosas e continuou como parte do conflito maior.

de hostilidades mútuas. Houve escaramuças, mas em boa parte o início do conflito assumiu a forma de destruição de propriedades e intimidação de pessoas leais à família adversária. Henrique VI exigiu várias vezes que o conflito cessasse, mas foi simplesmente ignorado por todos os envolvidos.

O primeiro golpe sério foi dado por Tomás, lorde Egremont, da família Percy, contra Ricardo Neville, conde de Salisbury. A intenção era impedir um casamento que levaria para o controle dos Neville terras que já tinham sido dos Percy. Supostamente, a escolta dos Neville foi atacada perto de York, mas conseguiu lutar e chegar a lugar seguro. No entanto, há controvérsias em torno desse evento. Foi registrada uma escaramuça, mas não há indícios de mortes de nenhum dos lados. Qualquer que seja a verdade, o conflito se intensificou, com ataques às ter-

ras uns dos outros, e só não se transformou em guerra civil pela ameaça de providências da Coroa contra ambos os lados. A situação foi finalmente levada a sério, o que provocou algum esfriamento da disputa, embora mais tarde, em 1454, houvesse choques armados. Os Neville se alinharam a Ricardo, duque de York, com grande benefício mútuo. A princípio, isso facilitou a nomeação de Ricardo como Lorde Protetor; a longo prazo, deixou os Neville e os Percy em lados opostos da Guerra das Rosas.

Enquanto os Percy e os Neville brigavam no norte da Inglaterra, o West Country também era cenário de conflitos entre casas nobres. O poder da família Bonville, encabeçada por William, lorde Bonville, começou a aumentar na década de 1430. Isso preocupou os Courtenay, família rival que detinha o condado de Devon. Em 1437, William Bonville recebeu a administração do ducado da Cornualha, uma possessão real. A administração podia ser extremamente lucrativa, e também aumentava o prestígio dos Bonville. No ano seguinte, o conde de Devon requisitou a administração do ducado, concedida por Henrique VI apesar da nomeação anterior.

Embora houvesse tentativas de reverter a decisão do rei, o conflito entre os partidários de Bonville e Courtenay explodiu e continuou até 1444, quando Bonville foi nomeado Senescal da Gasconha. Em 1447, quando retornou, recebeu novos títulos e seu poder aumentou; na corte, ele se alinhou à facção lancastriana. Isso empurrou a família Courtenay para o campo yorkista.

No entanto, a aliança entre York e a família Neville fez os Courtenay se transferirem para a facção lancastriana a partir de 1455; os Bonville, então, passaram para a facção yorkista. A violência continuou durante 1455, ano em que Bonville foi apoiado pelo protetorado de York. Isso permitiu que os Bonville se tornassem a força dominante no West Country; aos poucos, a contenda se acalmou.

O conde de Devon morreu em 1458; quando envelheceu, Bonville se tornou menos ativo na arena política. Ele faleceu em 1461 enquanto escoltava Henrique VI, aprisionado pela facção yorkista na época de sua derrota na batalha de St. Albans. Bonville permaneceu com o rei quando o exército yorkista fugiu porque prometera protegê-lo. Por essa valorosa façanha, foi executado por ordem de Margarida de Anjou e de seu jovem filho Eduardo.

No centro: Sir Henry Percy, mais conhecido como Harry Hotspur ("Cabeça-quente"), ficou famoso na luta contra os escoceses. Seu desagrado crescente com o reinado de Henrique IV, em parte nascido das dívidas da Coroa, levou-o a se rebelar.

À direita: A rebelião de Jack Cade foi provocada pela insatisfação generalizada com o governo de Henrique VI. Com um rei fraco no trono, seus favoritos podiam fazer praticamente o que quisessem. Nesse clima de corrupção, as injustiças eram comuns.

A rebelião de Jack Cade

John Cade, mais conhecido como Jack Cade, é tido como comandante de uma grande rebelião em Kent em 1450. O líder dos rebeldes usou a identidade de John Mortimer, identificando-se com os condes de March, que tinham forte pretensão ao trono. Não se sabe se Jack Cade era o líder inicial dos rebeldes ou se assumiu essa posição depois, embora, sem dúvida, estivesse no comando quando os rebeldes entraram em Londres, no início de julho.

JACK CADE in Cannon Street declaring himself LORD of the CITY of LONDON.

A origem de Cade também é ambígua. Provavelmente, era um plebeu que serviu na França como infante. Como tal, sentia boa parte da insatisfação popular com a monarquia fraca e corrupta. A perda de territórios na França enfraqueceu ainda mais o apoio a Henrique VI, e começaram a circular boatos sobre represálias pela morte do duque de Suffolk, cujo corpo decapitado foi encontrado na praia de Dover.

Fosse ou não plausível a ameaça de retaliação contra os plebeus de Kent, o ressentimento era suficiente para provocar grande agitação. Uma lista de queixas, entre elas corrupção, opressão e a omissão do rei, que não censurava seus favoritos por várias injustiças, foi redigida e entregue; como nada aconteceu, começou um levante armado.

Com cerca de cinco mil plebeus mal equipados, mas enfurecidos, e alguns soldados que tinham voltado da França reunidos perto de Londres, o rei mandou uma pequena tropa dispersar a rebelião. Ela foi emboscada em Sevenoaks e seus comandantes,

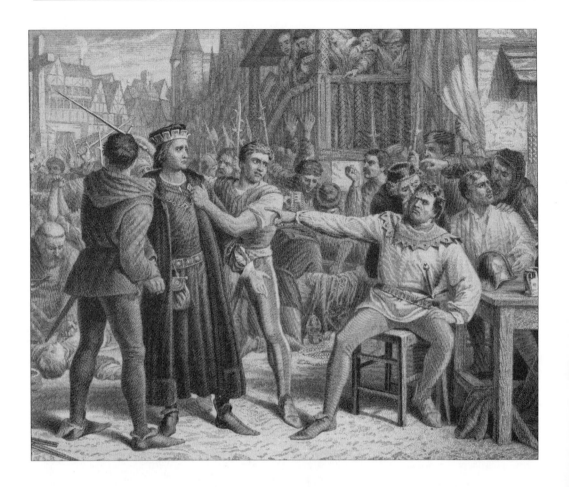

Acima: Lorde Say foi submetido a um simulacro de julgamento por Cade e seus seguidores. Não importava se a acusação contra ele era válida ou não; seu destino foi selado assim que o entregaram aos rebeldes.

mortos. O resto da tropa foi rechaçado, provocando pânico entre os partidários do rei em Londres. Muitos londrinos achavam que as exigências dos rebeldes eram aceitáveis, embora Margarida de Anjou não fosse um deles. O rei, por sua vez, ficou claramente assustado com a situação. Alguns soldados seus e até alguns nobres começaram a exigir que ele cumprisse o que os rebeldes exigiam. Isso incluía a entrega de lorde Say e seu genro William Crowmer.

O rei Henrique ordenou que esses homens fossem presos na Torre de Londres, afirmando que pretendia julgá-los pelos supostos crimes. Qualquer que fosse sua intenção, esse ato nada adiantou para apaziguar os soldados amotinados que começaram a pilhar a cidade. Incapaz de recorrer às próprias forças, o rei fugiu para Warwickshire e se refugiou no castelo de Kenilworth.

Os rebeldes entraram em Londres em 3 de julho de 1450, e a população vacilou entre enfrentá-los ou não. A princípio, Cade conseguiu manter alguma disciplina entre seus seguidores, mas logo houve pilhagem generalizada, que piorou com a chegada de mais gente à cidade. Na esperança de impedir a invasão da Torre de Londres, seu comandante entregou lorde Say e William

Crowmer. Lorde Say, ex-Lorde Tesoureiro--Mor, era odiado pelos rebeldes por numerosas injustiças a ele atribuídas. Depois de uma simulação de julgamento, foi decapitado; o genro Crowmer nem julgado foi. Depois disso, os rebeldes se retiraram pela Ponte de Londres. Tinham obtido algum sucesso, mas logo a população da cidade se voltou contra eles.

Os rebeldes prejudicaram a própria causa com a pilhagem e o arrombamento das prisões de Londres para aumentar seu efetivo. A nova tentativa de entrar na capital pela Ponte de Londres foi enfrentada por uma pequena tropa da Torre de Londres e por um número maior de cidadãos, que lutaram contra os rebeldes até um empate sangrento. Depois disso, negociou-se o fim da revolta, e todos os envolvidos receberam o perdão

> "Outras regiões se inspiraram e se revoltaram e, embora pouco resultado obtivessem, essas insurreições aumentaram a instabilidade geral do país."

real. No entanto, em 10 de julho Henrique VI anulou o perdão, afirmando que não estava dentro da lei por não ter sido aprovado pelo Parlamento. Cade foi capturado no dia 12, mas, antes que pudesse ser julgado, morreu dos ferimentos recebidos quando resistiu à prisão. Seu cadáver foi julgado e simbolicamente executado, enquanto seus seguidores eram perseguidos.

Embora sufocada, a rebelião teve efeito prolongado. Outras regiões se inspiraram e se revoltaram e, embora com pouco resultado, essas insurreições aumentaram a instabilidade geral do país e demonstraram a fraqueza do rei. A lista de queixas de Cade foi vista por Ricardo de York, que, ao retornar à Inglaterra, incluiu algumas em sua lista de reformas. Talvez mais importante, a fuga do rei de sua própria capital diante de uma turba de plebeus e não de uma força militar organizada, comandada por grandes nobres, mostrou como era fraca a posição real.

A identidade de Cade continua um mistério. Ele se intitulava "Capitão de Kent", o que poderia ser presunção ou indicar alguma experiência como comandante. Sua rebelião, composta principalmente de pessoas comuns, conseguiu derrotar a força militar pequena mas organizada mandada contra ela, e está registrado que seus homens acamparam de modo ordeiro. Ela também se deslocou com rapidez surpreendente para uma força que mal passava de uma turba armada. Portanto, é possível que Cade já tivesse comandado soldados.

A arte da guerra na baixa Idade Média

Os exércitos da Idade Média não eram muito grandes. As tropas inglesas mandadas ao continente europeu costumavam ter efetivo de seis mil a oito mil homens, a maioria deles arqueiros. Embora a classe nobre ainda lutasse principalmente a cavalo, a passagem da cavalaria para a infantaria como principal arma de ataque vinha acontecendo havia algum tempo. Os franceses se agarraram ao ideal da carga de cavalaria por mais tempo do que os ingleses, em geral mais pragmáticos na hora de desmontar seus cavaleiros; mas até eles aprenderam o valor da infantaria blindada.

Na época, a espinha dorsal do exército inglês era o arqueiro, cujo arco longo tinha alcance de 250 metros ou mais, com força

À direita: A batalha de Poitiers, em 1356, foi uma grande vitória inglesa que resultou na captura do rei João da França. Por sua vez, isso lançou a França num torvelinho, principalmente devido ao aumento da tributação para pagar o resgate do rei.

suficiente para perfurar armaduras pesadas, pelo menos algumas vezes. Atingir na cabeça um homem em movimento a 50 metros não era nada demais para esses arqueiros, o que fazia com que até um cavaleiro com a viseira baixada se arriscasse a receber uma flecha pelas fendas do elmo. Embora a probabilidade de penetração da flecha não fosse grande, quando em grande número

> "A espinha dorsal do exército inglês da época era o arqueiro, cujo arco longo tinha alcance de 250 metros ou mais, com força suficiente para perfurar armaduras pesadas."

os arqueiros podiam atirar com rapidez suficiente para que a lei das médias ficasse a seu favor, por mais bem protegido que estivesse o alvo.

Portanto, até os cavaleiros com armadura mais pesada se arriscavam a ser feridos ou a perder o cavalo atingido por flechas muito tempo antes de se aproximar o suficiente para usar a lança ou a espada. Se conseguissem se aproximar dos arqueiros desprotegidos, a mesa viraria, mas os comandantes medievais sabiam disso muito bem.

Portanto, os arqueiros eram protegidos pela infantaria, que incluía homens em armas desmontados e plebeus com armas

INÍCIO DO REINADO DE HENRIQUE VI 63

Acima: Os primeiros canhões eram praticamente inúteis em batalhas campais, embora o ruído que faziam pudesse assustar o inimigo. Na guerra de assédio, eram muito mais eficazes e melhores para derrubar muralhas do que máquinas antigas, como os aríetes e as catapultas.

como a bisarma. Semelhante à alabarda, esta era a variedade militar de uma ferramenta agrícola e consistia de uma lâmina curva de metal com um cabo de madeira. A lâmina curva dava ao infante alcance suficiente para enfrentar um cavaleiro, que poderia ser cortado ou derrubado da montaria. Seu comprimento também oferecia certa defesa contra adversários montados ou não.

Desmontados, os homens de armas não tinham muita mobilidade, mas eram muito rijos na defesa. A armadura era pesada, e, quando derrubado, seu portador teria dificuldade para se levantar, principalmente em lamaçais e outros terrenos ruins, mas ela não impediria que ele lutasse com eficiência. Muitos usavam armas pesadas como a acha de armas, que tinha uma lâmina de machado de um lado, do outro um martelo ou chuço e uma ponta de lança para cargas. Usada com ambas as mãos, era uma combinação excelente de capacidade ofensiva e defensiva e permitia ao soldado enfrentar com vantagem adversários com ou sem armadura.

Em termos ofensivos, o cavaleiro ou homem de armas montado era uma força potentíssima no campo de batalha e combinava mobilidade com a força estável da armadura pesada. As cargas costumavam acontecer em ritmo bastante lento, principalmente quando havia vários ataques com cavalos cada vez mais cansados, mas, mesmo a trote, a investida do cavaleiro era violenta. A arma mais usada a cavalo era a lança, mas armas de mão, como machados e maças, eram muito eficazes em combate corpo a corpo.

A ESPADA DE CAVALARIA

A ESPADA USADA com uma só mão, empregada como arma secundária por cavaleiros e homens de armas, às vezes era chamada de espada de cavalaria ou espada curta. O nome é confuso, porque não era muito curta, a não ser quando comparada à espada longa ou montante, usada com as duas mãos.

As espadas de cavalaria tinham dois tipos de projeto. Algumas eram relativamente pesadas, para que o impacto perfurasse as armaduras, enquanto outras eram pensadas para penetrar nos pontos fracos da armadura do adversário. Nenhuma era muito eficaz contra a pesada armadura de placas da década de 1450, mas um espadachim hábil conseguiria incapacitar ou matar o adversário bem protegido.

Ao contrário do mito popular, essas espadas não eram desajeitadas nem pesadas demais. Longe de desferir golpes fortíssimos uns nos outros e torcer pelo melhor, os espadachins medievais eram bem treinados e muito hábeis. Como tais, precisavam de uma arma que equilibrasse precisão e impacto e tivesse um bom fio. Espadas pesadas demais não se moveriam com velocidade suficiente para atingir com exatidão o adversário em movimento e não seriam controláveis depois de iniciado o golpe. Poderiam atingir com muita força, mas seria um golpe ao acaso.

Portanto, as espadas de cavalaria da baixa Idade Média, embora de formato visualmente simples, eram ferramentas de precisão extremamente bem feitas e muito equilibradas. A espada era, ao mesmo tempo, um símbolo do posto e um meio de se manter vivo no campo de batalha. Como tal, era um dos itens mais importantes que um nobre possuía.

Abaixo: A espada é praticamente o símbolo da nobreza, por isso é com espadas que os personagens em primeiro plano estão armados. De modo bem mais provável, a carga inicial seria feita com a lança; recorria-se à espada como arma substituta.

Página ao lado: Na batalha de Castillion, a carga inglesa foi derrotada pela artilharia posicionada em fortificações de campanha; em seguida, o contra-ataque francês assegurou que esta última grande ação da Guerra dos Cem Anos fosse uma retumbante vitória francesa.

A espada era uma arma secundária e não a principal ferramenta do homem de armas. Seu projeto evoluíra para enfrentar armaduras cada vez mais pesadas, mas, comparada a uma maça ou machado, seu desempenho era relativamente fraco. Ainda assim, a espada era o símbolo da nobreza e útil como arma de apoio. Contra adversários com armadura leve, era muito eficaz.

As armas de fogo começaram a surgir nessa época, embora fossem extremamente primitivas e pouco eficazes. As bombardas de mão eram um tubo curto montado numa vara e atiravam usando brasas ou uma mecha. Era comum a bombarda de mão ser operada por dois homens, um para mirar (de modo bastante genérica), o outro para aplicar o meio de ignição. Dificilmente a arma teria precisão, mas seus projéteis não eram mesmo muito precisos. Muito mais eficazes eram os canhões, que desde Crécy tinham presença barulhenta, embora não muito influente, nos campos de batalha. Nos últimos estágios da Guerra dos Cem Anos, os canhões eram confiáveis, a ponto de ser o principal meio de derrubar as defesas dos castelos e ter pelo menos certa eficácia numa batalha campal. Na batalha de Castillion, travada em 1543 como última ação da Guerra dos Cem Anos, os franceses puseram em campo uma força de artilharia com efetivo de até trezentos canhões variados. Essas primeiras bocas de fogo desajeitadas não podiam manobrar durante a batalha e tinham pouca utilidade, a não ser na defesa; mas, em Castillion, as tropas inglesas avançaram diretamente sobre os canhões e foram feitas em pedaços, de modo a fazer lembrar Crécy ou Agincourt. Ainda assim, foi uma carga de cavalaria blindada que derrotou o exército britânico.

Embora as armas de lançamento, como os arcos longos e a artilharia, tivessem papel importante a desempenhar no enfraquecimento da força inimiga, a arma decisiva continuava a ser a cavalaria montada e blindada. Isso mudaria em poucas décadas, mas a Guerra das Rosas foi uma guerra medieval, travada segundo a tradição.

> "O custo financeiro de resgatar nobres capturados pelo inimigo era enorme. Cada escalão da nobreza tinha um resgate associado a seu nível."

Exigências de resgate

Uma tradição associada a esse tipo de combate era a de cobrar resgate por nobres derrotados. Os plebeus podiam ser executados quando capturados, mas um cavaleiro ou nobre mais elevado tinha boa probabilidade de ser resgatado. Além de gerar receita para quem aceitasse a rendição de um lorde, isso também ajudava a reduzir os danos causados pelas derrotas no campo de batalha. O custo financeiro de resgatar nobres capturados pelo inimigo era enorme. Cada escalão da nobreza tinha um resgate associado a seu nível; a expressão "resgate de um rei" era bastante específica na Idade Média. O resgate podia ser pago pelo suserano do cavaleiro capturado ou ele mesmo teria de obter os recursos. Fosse como fosse, a prática do resgate era um tipo de seguro de vida da nobreza. Do ponto de vista do rei e do reino, o resgate também ajudava a reduzir a desorganização provocada pela guerra. A classe militar também era a classe dos administradores; muitos ocupavam cargos importantes e todos tinham propriedades que geravam receita. Uma morte em combate significava sucessão, que poderia pôr um lorde inexperiente no comando de uma grande propriedade ou provocar uma disputa. A autoridade importante que morresse teria de ser substituída, o que poderia prejudicar a administração do reino e até mudar o equilíbrio interno de poder.

> "Na Guerra das Rosas, houve vários incidentes em que misericórdia e rendição foram negadas a um lorde importante, embora ele as pedisse."

Em geral, o nobre em situação difícil no campo de batalha poderia salvar a própria vida se rendendo, embora fosse aconselhável se render a outro nobre. Os plebeus poderiam matá-lo de qualquer maneira, ainda mais se achassem que havia pouca probabilidade de se beneficiar de algum resgate pago pelo cativo. Render-se a um cavaleiro de posição inferior poderia ser um embaraço social, mas provavelmente passível de sobrevivência.

O sistema de resgate podia ser manipulado de várias maneiras. Um grande lorde ou rei poderia preferir pagar o resgate de seus favoritos e não o de vassalos dos adversários, para prejudicá-los financeiramente. Um resgate altíssimo podia ser usado como ferramenta de barganha política. Foi assim com o rei João II da França, capturado pelos ingleses em 1356 na batalha de Poitiers. O rei João ficou aprisionado na Torre de Londres, embora fosse mais uma prisão domiciliar numa residência real do que um duro encarceramento. Ele foi tratado como hóspede de honra e recebeu o respeito devido a um monarca, mas só foi libertado depois do pagamento do resgate. A França precisava de dinheiro para reconstruir as forças militares que tinham sofrido pesadas baixas e pagar o resgate de João, mas foi difícil conseguir. O resgate exigido pela Inglaterra era impossível de pagar e tornou inválido o tratado que o determinara. A guerra retornou, aumentando os problemas da França governada por uma regência. Isso levou a um segundo tratado que determinou um resgate mais baixo, mas ainda assim altíssimo, e a cessão de território à Inglaterra. O rei João foi libertado em troca de outros reféns que seriam mandados à Inglaterra e lá permaneceriam até que o resgate fosse finalmente pago. Entre esses reféns, estava o príncipe Luís, segundo filho do rei francês. Como o resgate não foi pago na data marcada, Luís tentou primeiro negociar sua libertação e depois fugiu do cativeiro e retornou à França. Então o pai declarou que teria de voltar ao cativeiro, já que o refém mandado em seu lugar não estava mais sob a custódia inglesa, e, voluntariamente, retornou à In-

Página ao lado: A rendição do rei João e do filho em Poitiers foi praticamente seu último recurso. De acordo com fontes contemporâneas, eles estavam praticamente sozinhos e cercados pelo exército inglês, mas ofereceram forte resistência antes de serem obrigados a ceder.

glaterra como prisioneiro. O raciocínio por trás disso provocou algum debate. Pode ter sido uma questão de honra pessoal, ou talvez João II estivesse simplesmente cansado de tentar governar um reino em escombros. Ele terminou seus dias como hóspede de honra na Inglaterra, com um estilo de vida régio, mas sem a responsabilidade. Embora só parcialmente pago, seu resgate ainda foi suficiente para aumentar o poder inglês, enquanto a França sofreu com um período de governo fraco e divisão interna.

O último recurso

Embora houvesse vantagens financeiras e políticas significativas para quem aceitasse a rendição de nobres e pedisse resgate por eles, na Guerra das Rosas houve vários incidentes em que misericórdia e rendição foram negadas a lordes importantes, embora eles a pedissem, e em que grandes homens foram executados em vez de aprisionados para a cobrança de resgate. A rendição era sempre arriscada e continuou a ser o último recurso do guerreiro derrotado.

3
RICARDO, DUQUE DE YORK

Em 1447, a morte de Humphrey, duque de Gloucester, fez de Ricardo, duque de York, o herdeiro presuntivo do trono da Inglaterra. Ele estava desgostoso com a política adotada em relação à França e, em geral, se opunha ao círculo de favoritos da corte.

"Esse colapso foi atribuído aos favoritos de Henrique VI."

Ricardo também estava insatisfeito com o tratamento que recebera quando era Lugar-Tenente da França. Tudo isso fez dele um crítico ruidoso das políticas reais, embora ainda fosse vassalo da Coroa e tivesse de ser tratado com certo nível de respeito. A resposta foi mandá-lo para a Irlanda, num cargo que, na aparência, dava prestígio como representante do rei naquela região. Na prática, o posto o afastava da política da corte e permitia aos favoritos de Henrique VI exercer sua influência sem impedimentos.

Em 1450, Ricardo decidiu voltar da Irlanda em resposta a uma série de crises. A rebelião encabeçada por Jack Cade fora sufocada, mas havia agitação intensa em outros locais. Ainda circulava a exigência popular de reversão de algumas decisões mais questionáveis de Henrique VI (principalmente a concessão de títulos e terras a seus favoritos)

Ricardo, duque de York, serviu à Coroa inglesa em vários cargos importantes, como Lugar-Tenente da França e, mais tarde, da Irlanda. Ele preferiu não insistir em sua pretensão ao trono inglês enquanto foi regente de Henrique VI, o rei insano. Acima, a corte de Henrique VI.

e de correção de injustiças, enquanto o sudeste da Inglaterra ficava cada vez mais fora da lei. Isso advinha principalmente da perda de possessões inglesas na Normandia. Moradores de cidades, agricultores e soldados estavam voltando à Inglaterra, geralmente sem dinheiro nem posses, fazendo o possível para sobreviver. A série de derrotas que provocou esse colapso era atribuída aos favoritos de Henrique VI e se somava ao descontentamento geral com o estado da monarquia.

Houve solicitações a York para que retornasse à Inglaterra e endireitasse a situação, embora não se saiba até que ponto esse não era apenas um anseio otimista dos cida-

> "Ricardo de York desembarcou no País de Gales no início de setembro de 1450 e marchou sobre Londres. Sua força foi enfrentada por um exército real, criando um impasse tenso."

dãos insatisfeitos. É provável que, como adversário declarado do círculo de favoritos, ele se transformasse em fonte de esperança para rebeldes como os seguidores de Cade, tivesse ou não alguma simpatia por eles. É improvável que York tenha voltado à Inglaterra para dar apoio a rebeldes ou porque

À esquerda: O castelo de Trim, em Meath, na Irlanda, foi a capital de Ricardo de York enquanto ele era Lugar-Tenente da Irlanda. Nas instalações, havia uma Casa da Moeda e acomodações para hóspedes, onde ficaram dignitários como o jovem Henrique V e Humphrey de Gloucester.

RICARDO, DUQUE DE YORK

Acima: As disputas entre nobres podiam ser resolvidas com um combate singular; fazia-se o desafio jogando uma manopla de armadura no chão. Para aceitar o desafio, era preciso pegá-la, e depois disso os detalhes de como e onde se realizaria o duelo seriam combinados.

RICARDO DE YORK descendia de Eduardo III pelas linhas materna e paterna. Durante muitos anos, foi o nobre mais poderoso da Inglaterra depois do rei, e ocupou cargos importantes como Lugar-Tenente da França e Lugar-Tenente da Irlanda. Durante a doença de Henrique VI, foi Lorde Protetor e assumiu os deveres de chefe de Estado no lugar do rei insano.

Embora o conde de Cambridge, pai de Ricardo, fosse executado por traição contra o rei, Ricardo teve permissão de herdar boa parte de suas propriedades quando atingiu a maioridade. Ele também obteve as propriedades e títulos da poderosa família Mortimer e se casou com uma Neville. Portanto, além de poderoso Ricardo de York tinha boas conexões e era uma opção natural como líder dos que se opunham à corrupção e ao favoritismo da corte. Sua importância era tal que, apesar de adversário dos favoritos de Henrique VI, foi nomeado Lorde Protetor.

É notável que, no primeiro mandato de Ricardo como Lorde Protetor, seu governo fosse deliberada e escrupulosamente justo. Ele favoreceu seus aliados, mas não agiu contra os inimigos, embora tivesse poder para isso. Reconheceu Eduardo, filho de Henrique VI, como príncipe de Gales, apesar dos boatos sobre a paternidade do menino, ainda que isso significasse o fim de sua pretensão ao trono como herdeiro presuntivo.

Ele também não buscou continuar a guerra com a França. Os franceses não se moveram contra Calais e, aparentemente, não preparavam uma invasão da Inglaterra, de modo que Ricardo deixou a situação da França como a herdara. Ele se esforçou para restaurar a ordem do reino, como sempre afirmara ser sua meta, e conseguiu conter a briga dos Percy e Neville no norte, mas não tentou tomar o trono dessa vez.

A princípio, Ricardo tentou trabalhar "por dentro do sistema" para reformar a Inglaterra, mas terminou pegando em armas contra o trono. Se os acontecimentos tivessem se desenrolado de outra maneira, ele poderia ter herdado a coroa de Henrique VI depois de sua morte, mas nunca foi rei. Entretanto, seus filhos Eduardo IV e Ricardo III subiram ao trono.

À direita: As ações de Ricardo de York dão credibilidade à sua declaração de que só queria um governo justo para a Inglaterra. Ele não perseguiu os inimigos quando foi regente nem tentou tomar a coroa, apesar da boa oportunidade.

estes lhe pedissem. O mais provável é que seus planos tenham coincidido com os de outros adversários do rei, ou talvez ele sentisse que as condições instáveis da Inglaterra da época criavam uma boa oportunidade para uma ação decidida.

Seja como for, Ricardo de York desembarcou no País de Gales no início de setembro de 1450 e marchou sobre Londres. Sua força foi enfrentada por um exército real, e um impasse tenso se criou. Naquela época, Ricardo

---

"Um filho tiraria Ricardo de York da posição de herdeiro presuntivo e o enfraqueceria consideravelmente numa época em que já estava na obscuridade."

---

não queria conflito e proclamou várias vezes que sua única intenção era restaurar a boa governança e expulsar o círculo de favoritos em torno do rei. York e Henrique VI chegaram a um acordo, evitaram a guerra civil e a situação se estabilizou por algum tempo. No entanto, York não obteve nenhuma mudança significativa do governo. Embora o duque de Somerset ficasse temporariamente preso na Torre de Londres (possivelmente para sua própria proteção; era odiado em Londres, cada vez mais instável e violenta), York não foi capaz de forçar Henrique VI a processar Somerset pelo fracasso na Normandia. Na

À direita: Aqui o rei Henrique VI é retratado como um inválido indiferente, enquanto seu favorito Somerset domina as questões da corte. Ricardo de York (à esquerda) recorreu a medidas extremadas, como o uso da força armada, por falta de alternativas viáveis.

Página ao lado: Ao pôr a mão sobre o trono, Ricardo de York tornou pública sua pretensão a ele. A resultante Lei de Acordo, de 1460, concordava que Henrique VI continuaria rei até a morte e que a coroa passaria então a Ricardo.

verdade, em 1451 Somerset foi nomeado Capitão de Calais, comandante da última possessão inglesa no norte da França. Embora isso o afastasse do rei e reduzisse sua capacidade de influenciar as decisões reais, dificilmente seria o que York desejava. No entanto, com o pouco apoio disponível ele não poderia insistir em reformas.

Mesmo assim, York continuou a trabalhar contra Somerset e a tentar construir para si uma base de poder mais ampla. Em 1452, marchou novamente contra Londres, ainda declarando lealdade, e apresentou acusações contra Somerset. Também exigiu que fosse reconhecido como herdeiro de Henrique VI. Sua pretensão era bem embasada, mas Henrique e seus partidários preferiram alguém com menos oposição direta a suas políticas. Embora novamente se conseguisse um meio-termo entre York e Henrique VI, Ricardo teve de jurar que não voltaria a pegar em armas contra a Coroa e passou os meses seguintes preso.

Ricardo como Lorde Protetor

Em 1453, Margarida de Anjou finalmente engravidou. Um filho tiraria Ricardo de York da posição de herdeiro presuntivo e o enfraqueceria consideravelmente numa época em que ele já estava na obscuridade. Faltava a York apoio político. Seu cargo de Lugar-Tenente da Irlanda lhe fora tirado, juntamente com o cargo adicional de Juiz da Floresta do Sul do Trent, que lhe fora concedido durante as negociações com Henrique.

O rei Henrique fazia questão de enfraquecer ainda mais a posição de York e ficava contra seus partidários em todas as disputas que lhe eram apresentadas; poderia ter continuado a fazê-lo se não fosse subitamente atingido pela loucura em 1453. Havia insanidade em sua família, mas até então, aos 32 anos, ele não demonstrara os sintomas apresentados por Carlos, o Louco, da França nem por outros ancestrais seus. Provavelmente o gatilho foi a notícia da batalha de Castillion, na qual o exército inglês foi derrotado depois de tentar avançar sobre canhões bem posicionados. Castillion deu fim à Guerra dos Cem Anos com a França, sendo a derrota inglesa total e permanente. Henrique caiu num estado mais ou menos catatônico, sem reação e totalmente incapaz de governar o reino.

À direita: Antes que sua insanidade se manifestasse, Carlos, o Louco, da França foi um governante bom e sábio, cuja política produziu um período de prosperidade. Sua insanidade mergulhou o reino numa luta pelo poder dentro do conselho de regentes.

A princípio, foi possível continuar como sempre, na esperança de uma rápida recuperação, mas, como a loucura de Henrique continuou, ficou óbvio que era preciso nomear um Lorde Protetor. Embora Margarida de Anjou e o círculo de favoritos de Henrique VI tivessem esperanças de controlar o reino, Ricardo de York foi nomeado regente. Nos meses seguintes, ele não conseguiu desfazer toda a influência dos favoritos de Henrique e se ocupou tentando resolver os problemas de um reino turbulento. Com os Neville e os Percy em conflito declarado no norte, em 1454 York também teve de sufocar a rebelião de Henry Holland, duque de Exeter. Em certo momento, Holland foi Condestável da Torre de Londres, e era um homem temperamental e vingativo. Mais tarde, se tornou um destacado comandante lancastriano.

Ricardo de York teve tempo para presidir o Parlamento em nome do rei e, em fevereiro de 1454, o Parlamento impugnou Somerset, embora a facção lancastriana também conseguisse a impugnação dos lordes yorkistas Tomás Courtenay, conde de Devon, e Eduardo Brooke, lorde Cobham, devido a seu papel nos impasses armados anteriores entre Ricardo de York e a Coroa. O Parlamento também reconheceu como príncipe de Gales Eduardo, o filho do rei, mas não conseguiu resolver vários problemas financeiros. York instalou vários aliados seus em cargos importantes, mas não foi capaz de levar Somerset a julgamento. No entanto, manteve-o preso e lhe tirou o cargo de Capitão de Calais. York o transferiu para si, mas não o manteve por muito tempo.

Recuperação da loucura

No final de 1454, Henrique VI se recuperou da loucura e, em fevereiro de 1455, foi capaz de reassumir seus deveres, embora parecesse ter problemas de memória. Notadamente, parecia não saber do filho Eduardo. Os inimigos afirmaram que Eduardo não era filho de Henrique, mas de Somerset, embora provavelmente isso não passasse de uma campanha de difamação. No entanto, a falta de reconhecimento da criança por Henrique alimentou esses boatos.

Ricardo de York não era mais necessário como Lorde Protetor e foi destituído, enquanto seu inimigo, o duque de Somerset, foi libertado da prisão e voltou a gozar dos favores do rei. York perdeu o cargo de Capitão de Calais, que voltou a Somerset, e a

Abaixo: O Livro de Talbot Shrewsbury foi dado de presente a Margarida de Anjou para comemorar seu noivado com Henrique VI. Continha quinze textos franceses, de ficção a tratados sobre a condução da guerra. O livro existe até hoje.

corte foi cada vez mais dominada por Margarida de Anjou, cuja posição se fortaleceu com o nascimento do filho. Os ministros nomeados por Ricardo de York durante seu mandato como Lorde Protetor foram exonerados e substituídos por homens favorecidos pela facção do rei.

Esses fatos preocuparam York e seus partidários e, quando o rei convocou um conselho em Leicester, eles resolveram agir.

bilidade, York torcesse por outro impasse e não por uma batalha com o exército real. Ele marchou com seus aliados para cortar o caminho do rei, na esperança de impedi-lo de chegar a Leicester e ao grande conselho. As forças se encontraram em St. Albans, ao norte de Londres.

> "Em fevereiro de 1455, Henrique VI foi capaz de reassumir seus deveres, embora parecesse ter problemas de memória."

O conselho não era um Parlamento e não incluía nenhum partidário de York. Seu propósito ostensivo era dar segurança ao rei contra seus inimigos, e não era difícil ver o que aquilo queria dizer. Com seus aliados, os condes de Warwick e Salisbury — ambos chamavam-se Ricardo Neville —, York temia que o conselho votasse sua censura ou, no mínimo, agisse contra seus interesses. A prisão e a possível execução eram bastante possíveis. Assim que recuperaram o poder, Somerset e sua facção tinham insistido muito em agir contra os yorkistas, embora estes se mantivessem deliberadamente discretos e agissem com honra durante o protetorado.

Não parecia haver opção além da resistência armada, embora, com toda a proba-

À direita: Margarida de Anjou foi um dos principais agentes da Guerra das Rosas, e, depois de aparente derrota, retornou várias vezes numa nova tentativa de pôr seu filho no trono da Inglaterra. Ela foi homenageada com essa estátua em Paris.

A primeira batalha de St. Albans

York tinha consigo cerca de três mil homens quando avançou para encontrar a força do rei, e outros mais se juntaram a ele pelo caminho. Em 20 de maio de 1455, em Royston, ele fez uma declaração explicando seus atos. Afirmava ter sido forçado ao confronto armado pela convocação do grande conselho dirigido contra supostos inimigos do rei, do qual fora deliberadamente excluído.

No dia 21, em Ware, York escreveu ao próprio rei. Sua carta, redigida com cuidado e humildade, proclamava sua lealdade e reverência ao rei, mas exigia acesso imediato para conscientizar Sua Majestade das mentiras contadas contra os yorkistas por seus inimigos que, por inferência, eram também inimigos ou, pelo menos, pouco amigos do rei. Na época, Somerset tinha sob seu comando cerca de três mil soldados, embora essa força fosse muito aumentada pela presença de numerosos nobres com seus séquitos. Outros reforços foram convocados às pressas e enviados a Leicester, mas naquele momento Somerset se sentia vulnerável. Portanto, ele ocupou posição na cidade sem muralhas de St. Albans e montou barricadas para se proteger.

Em 22 de maio, houve um impasse em St. Albans. Quando o exército de York se aproximou, o rei mandou Humphrey Stafford, duque de Buckingham, encontrá-lo. Buckingham exigiu de York uma explicação para pegar em armas contra o rei, e York repetiu os sentimentos que exprimira na carta.

Abaixo: St. Albans não tinha muralha, mas o exército lancastriano conseguiu improvisar barricadas. No entanto, a defesa das barricadas ocupou quase todo o efetivo lancastriano e permitiu que os soldados de Warwick passassem por outro lugar.

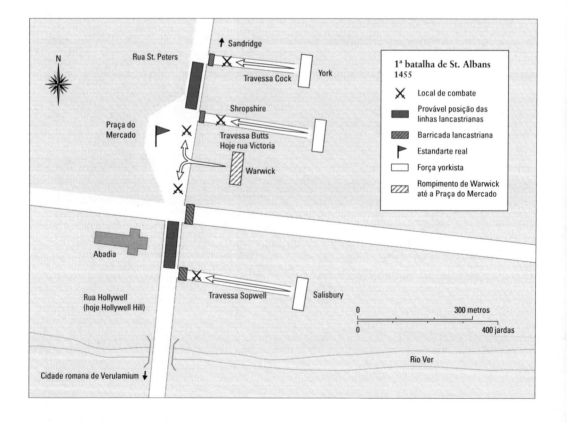

À direita: Na época da Guerra das Rosas, as regras da heráldica já estavam bem estabelecidas. As armas de Cecília Neville, esposa de Ricardo de York, combinavam as do marido com as de sua família.

Professou lealdade ao rei e à nação, defendendo que só queria restaurar a boa governança e remover o círculo de indivíduos que agiam em interesse próprio e tiravam o rei do bom caminho. Essa conversa foi realizada à moda da época, por meio de mensageiros e arautos, e foi demorada. Ricardo de York tinha consciência da posição vulnerável da força real e sabia que, mais cedo ou mais tarde, chegariam reforços para remediar essa fraqueza. Ele queria uma resposta imediata e não estava disposto a aceitar declarações vagas de que o assunto receberia atenção. Isso ele já ouvira em 1452, e nada acontecera.

Finalmente, York exigiu a prisão de Somerset e seu julgamento por traição. Isso e a recusa de York a aceitar as declarações de Henrique de que haveria justiça — provavelmente bem intencionadas, mas vagas — irritaram muito o rei. Homem normalmente de fala tranquila, Henrique reagiu às exigências com uma explosão violenta e a declaração de que esmagaria todos os que estivessem em seu caminho. E chamou os yorkistas de traidores. Por assim dizer, foi neste momento que a guerra civil se tornou inevitável. York, ao escutar de seu arauto a resposta do rei, soube que não havia mais nenhuma probabilidade de reforma "por dentro do sistema". Pior ainda, agora o rei estava abertamente em armas contra ele. Provavelmente os yorkistas teriam um triste destino caso se rendessem ou fossem derrotados, e a única opção que restava era lutar e vencer.

York fez um discurso aos soldados e lhes disse que, como o rei se recusara a dar ouvidos à sua petição e condenara todos eles como traidores, não havia mais opção senão lutar. Por volta do meio-dia, ele mandou sua força em três colunas contra as barricadas que cercavam St. Albans. Elas foram defendidas com vigor, e o ataque yorkista foi rechaçado nas três entradas. Mas, enquanto a força real, em desvantagem numérica, se concentrava na defesa das barricadas, o jovem Ricardo Neville, conde de Warwick, levou os soldados de sua guarda pessoal por entre as casas do sudeste da cidade até o meio da posição real. Esse passo ousado pegou

Ao lado: Hoje, uma placa indica onde Edmundo Beaufort teve sua morte corajosa. Seu filho Henrique Beaufort, ferido e capturado na mesma batalha, herdou o título de duque de Somerset. A placa diz: Neste local ficava a estalagem O Castelo, diante da qual Edmundo Beaufort, 2º duque de Somerset, foi morto durante a 1ª batalha de St. Albans, 22 de maio de 1455.

JOÃO E EDMUNDO BEAUFORT, DUQUES DE SOMERSET

João e Edmundo Beaufort descendiam de João de Gante e, portanto, eram membros da Casa de Lancaster. Em 1418 ou 1419, João Beaufort herdou de Henrique, seu irmão mais velho, morto no Sítio de Rouen, o condado de Somerset. Mais tarde, João foi capturado na batalha de Baugé, em 1421, e mantido prisioneiro até pagarem seu resgate.

Apesar da carreira pouco auspiciosa até então, em 1443 João Beaufort foi promovido a duque de Somerset e recebeu também o condado de Kendal. Foi mandado à Gasconha para comandar a tentativa de retomar terras ali perdidas, o que aumentou o atrito com Ricardo de York, cuja autoridade como Lugar--Tenente da França se reduziu com a nomeação. A situação piorou quando uma grande quantia foi cedida a Beaufort enquanto Ricardo de York se endividava para sustentar do próprio bolso a campanha inglesa na França.

A campanha de João Beaufort na Gasconha foi um desastre para ele e para a Inglaterra. No comando de cerca de sete mil homens, exército de bom tamanho naquele tempo, Beaufort nada conseguiu e acabou retornando em desgraça para a Inglaterra. Morreu em 1444, muito provavelmente por suicídio, e a posição de chefe da família Beaufort passou a Edmundo, seu irmão mais novo. Edmundo Beaufort foi um comandante muito mais bem-sucedido do que o irmão e obteve sucessos notáveis em Harfleur e Calais. Foi nomeado conde de Dorset em 1442 e promovido a marquês em 1443. Edmundo herdou o condado de Somerset do irmão em desgraça e, em 1448, foi promovido a duque.

Somerset era um dos favoritos de Henrique VI e usou essa relação para obter vários cargos elevados, que lhe deram poder e uma boa renda. Entre eles, estava o cargo de Lugar--Tenente da França, para o qual foi nomeado em 1448. O detentor anterior desse cargo era Ricardo de York, cujo posto subsequente na Irlanda pouco adiantou para aplacar o ressentimento por perder

À esquerda: João Beaufort foi o primeiro duque de Somerset, mas não teve sucesso como comandante militar. O título de duque de Somerset foi recriado para o irmão Edmundo, e há confusão quanto a Edmundo ser o primeiro ou o segundo a usar o título.

À direita: A batalha de Formigny, em 1450, foi uma derrota decisiva para os ingleses, cujas possessões na França estavam sendo rapidamente retomadas. Com o exército inglês alquebrado, pouco impediria os franceses de reocupar o restante da Normandia.

posição tão importante. Somerset assumiu o comando da França num mau momento. A partir de 1449, os franceses obtiveram uma série de vitórias e expulsaram os ingleses de quase todo o norte da França. Dali a mais três anos, perderam-se também as possessões inglesas no sul da França. É possível que o fato de a Coroa não ter pago a Somerset a grande quantia prometida quando ele assumiu o cargo de Lugar-Tenente da França tenha contribuído para esses desastres. Durante algum tempo, a presença inglesa na França se manteve com a fortuna pessoal de seus comandantes, esgotando os recursos do riquíssimo duque de York. Somerset não tinha os fundos de que York dispunha e, sem o dinheiro real, simplesmente não era capaz de manter seus soldados.

Ele voltou à Inglaterra e conseguiu dominar a corte do fraco Henrique VI até que este último caiu na insanidade em 1453. Somerset ficou preso na Torre de Londres durante o primeiro protetorado de Ricardo de York, mas foi solto em 1454, quando, com a recuperação de Henrique, York foi exonerado.

Somerset foi um dos principais participantes da política inglesa nos meses seguintes e estava a caminho de Leicester com o rei quando as forças yorkistas atacaram em St. Albans. Foi morto na derrota do exército real, e seu filho Henrique Beaufort foi ferido. Este último sobreviveu e se tornou um importante comandante lancastriano antes de mudar de lado e servir a Eduardo VI durante algum tempo.

Acima: Dizem que Henrique VI mal percebeu a batalha de St. Albans. Foi levado por seu séquito a uma casa vizinha onde Ricardo de York foi encontrá-lo para se desculpar e, ao mesmo tempo, tomar o rei como cativo.

de surpresa os defensores, que tentaram repelir o novo ataque. A força real conseguiu se aguentar por algum tempo, mas cedeu depois que o duque de Somerset foi morto. O pânico se disseminou pelo exército do rei, e nesse momento alguns nobres fugiram, entre eles Sir Felipe Wentworth, portador do estandarte real. Vários outros homens importantes foram mortos, como Tomás de Clifford e Henry Percy, conde de Northumberland. Os duques de Buckingham e Somerset foram capturados depois de feridos.

No total, a batalha durou menos de uma hora e terminou com numerosos integrantes da alta nobreza mortos ou capturados. Entre esses últimos estava Henrique VI, que nada fez além de observar a batalha. Foi levemente ferido por uma flecha, mas,

fora isso, estava ileso quando os yorkistas o alcançaram. De forma incomum em engajamentos desse tipo, a maior parte das cerca de cem baixas recaiu sobre a nobreza. Em parte, isso se deveu ao colapso do exército real: infantes e arqueiros com equipamento leve podiam fugir, mas homens com armadura pesada, lutando a pé, seriam mais lentos na retirada.

Os massacres e execuções que caracterizaram ações posteriores da Guerra das Rosas não ocorreram em St. Albans. John Sutton, lorde Dudley, foi o único nobre mandado para a Torre de Londres, e logo foi libertado. A maioria dos outros foi privada de armas e armaduras, que eram valiosíssimas, mas libertados ou postos sob a su-

> "No total, a batalha durou menos de uma hora e terminou com numerosos integrantes da alta nobreza mortos ou capturados. Entre estes estava Henrique VI."

pervisão relativamente benigna dos líderes yorkistas. Muitos capturados em St. Albans concordaram em aceitar a nova situação; Henrique foi levado a Londres como prisioneiro e York reassumiu o cargo de Lorde Protetor. Isso foi ratificado pelo Parlamento em novembro de 1455. Henrique pode ter sofrido outro surto de insanidade durante a batalha; alguns relatos mencionam que ele estava num estupor desmemoriado quando foi encontrado pelos yorkistas.

Margarida de Anjou foi encarregada de cuidar do marido durante esse período, enquanto York administrava o país. Ela afirma-

PROTEÇÃO BLINDADA

Em meados do século XV, a tecnologia das armaduras atingiu alto nível de sofisticação. As armaduras eram feitas de aço de boa qualidade, que combinava proteção e relativa leveza em placas articuladas, que não prejudicavam muito a mobilidade. A cota de malha, usada para reforçar ou cobrir áreas difíceis de proteger com placas, era um componente secundário.

Com o mesmo peso, a armadura de placas dava proteção maior do que a cota de malha precedente, além de distribuir esse peso muito melhor. Seu formato visava a desviar os golpes, além de servir de barreira física que impedia a penetração. Assim, funcionava muito melhor quando o usuário se movia e fazia os ataques resvalarem em vez de atingi-lo com força total.

Um homem a cavalo de armadura era um adversário dificílimo de combater. Mesmo quando cercado, geralmente o cavalo conseguia forçar a saída e permitir a fuga, enquanto um homem a pé talvez não conseguisse se libertar. Portanto, derrubar o cavaleiro da montaria era uma tática comum da infantaria, e algumas armas eram especialmente adaptadas para se enganchar nas placas da armadura e facilitar essa ação.

A ideia de que a armadura era tão pesada que os cavaleiros tinham de ser auxiliados ou mesmo guinchados até suas montarias é um mito; alguns homens conseguiam saltar sobre o cavalo com armadura completa. No entanto, a armadura era pesada, cansativa de usar e dificultava levantar-se caso o usuário fosse derrubado. Por melhor que fosse a proteção, havia aberturas que podiam ser aproveitadas caso o guerreiro blindado estivesse no chão e imobilizado.

Portanto, a armadura não tornava seu usuário invulnerável, mas agia como "multiplicador de forças" e permitia que o guerreiro blindado sobrevivesse a golpes que deixariam fora de combate o guerreiro não protegido. Enquanto conseguisse evitar que o cercassem, o cavaleiro de armadura era páreo para vários soldados "menores".

No centro: A armadura era projetada para desviar os golpes além de resistir a eles, tornando dificílimo acertar um golpe fatal num homem de armas que conseguisse se mexer. Havia áreas fracas e desprotegidas, mas não eram vulneráveis, desde que o cavaleiro permanecesse montado.

Página ao lado: Margarida de Anjou foi afastada depois da batalha de St. Albans, encarregada de cuidar do marido enquanto Ricardo de York administrava o país. Quando Henrique recobrou a razão, a influência de Margarida sobre ele aumentou muito seu poder na corte.

va que seu filho Eduardo, príncipe de Gales, tinha de herdar o trono, enquanto outros preferiam York como herdeiro. A questão permanecia sem solução em 1456, quando Henrique recuperou a razão e retomou seu papel de rei. Ele continuava impopular em Londres, mas tinha bastante apoio em outras regiões. Por isso, transferiu a corte para Coventry e exonerou Ricardo de York do cargo de Lorde Protetor pela segunda vez.

York foi mandado para a Irlanda, retomando o cargo anterior de Lugar-Tenente Real, enquanto Henrique, mais uma vez, se cercava de favoritos. Entre eles estava Henry Beaufort, duque de Somerset. O novo duque odiava York pelo papel que tivera na morte de seu pai em St. Albans e pelos ferimentos que recebera na batalha. Ele se tornaria um grande comandante lancastriano quando a Guerra das Rosas se intensificasse, mas por algum tempo houve relativa paz.

O Dia do Amor

As tentativas de tornar a paz permanente resultaram numa longa série de pactos e acordos para resolver brigas e encerrar disputas, culminando numa procissão até a Catedral de São Paulo e numa cerimônia para comemorar o novo espírito de paz e irmandade que havia agora na terra. Esse evento, chamado de "Loveday", o Dia do Amor, ocorreu em março de 1458 e foi celebrado pelo arcebispo de Canterbury. Com o apoio do rei e da Coroa, a alta nobreza teve, pelo menos, de manter as aparências e honrar as intenções do Loveday. No entanto, foi só isso que se conseguiu. Dali a um ano, o conflito declarado estava de volta, e a guerra assumiu um tom cada vez mais amargo e vingativo. Na primeira fase do conflito, houve declarações de lealdade à Coroa e, em geral, as cortesias do sistema feudal se mantiveram. Depois de 1458, isso não aconteceu mais. A derrota em combate passou quase sempre a significar execução; e, como nenhum dos lados demonstrava misericórdia, havia pouco incentivo para refrear a selvageria da guerra.

À direita: Tomás Bourchier, arcebispo de Canterbury, era descendente de Eduardo III, embora muito afastado da linha de sucessão. Sua cerimônia do "Loveday" pretendia sanar as rixas da alta nobreza, mas na prática nada conseguiu que tivesse importância duradoura.

4
O PARLAMENTO DOS DEMÔNIOS

Ricardo Neville, conde de Warwick, era um importante partidário da facção yorkista. Ele conquistou popularidade em Londres e em seus arredores por proteger os interesses da classe de mercadores e combater a pirataria no Canal da Mancha.

"Ignorar uma convocação real seria um desafio declarado."

A nomeação de Warwick como Capitão de Calais pode ter servido, em parte, para afastá-lo da corte, onde conseguira proteger yorkistas importantes das maquinações dos adversários. No entanto, sua nomeação tinha lógica, porque era um comandante experiente. O último território da Inglaterra na França era um alvo óbvio para as tentativas de retomá-lo, e a defesa do porto exigia uma força permanente. Portanto, era preciso um comandante confiável para manter a tropa em boas condições de combate e rechaçar quaisquer tentativas de agressão. Warwick também poderia usar o porto como base para eliminar a pirataria no canal.

No entanto, essa nomeação era uma faca de dois gumes, pois dava a Warwick outra fonte de renda para patrocinar seus planos. Também o deixava no comando da única força militar permanente da Inglaterra além das guardas mantidas pela alta nobreza. A preocupação com o que Warwick poderia fazer com sua tropa levou a Coroa a suspender recursos e suprimentos por algum tem-

À Esquerda: Possessão do conde de Warwick, o impressionante castelo de Warwick foi, durante alguns meses de 1469, a prisão de Eduardo IV. Warwick foi forçado a libertar o rei, mas logo recomeçou a conspirar contra ele. Acima, conde de Warwick.

po, mas a necessidade de proteger Calais superou o temor dos atos de seu comandante. A necessidade de uma posição forte em Calais aumentou em agosto de 1457 com o ataque francês a Sandwich, em Kent. Uma tropa de uns quatro mil homens atacou a cidade e destruiu boa parte dela, provocando temores de uma invasão posterior que nunca aconteceu. Seja como for, Warwick começou a exercer um controle mais agressivo do canal. Isso criou tensões com a Liga Hanseática, organização mercantil que detinha territórios ao longo do Mar do Norte e do litoral báltico, principalmente quando os navios de Warwick capturaram uma frota que transportava sal. As embarcações de Warwick também atacaram navios pertencentes ao reino de Castela. Longe de suprimir a pirataria no canal, Warwick a usava para enriquecer e criava incidentes internacionais que poderiam provocar conflitos aos quais a Inglaterra não poderia se permitir.

Warwick foi chamado de volta à corte para se explicar. Ele chegou a Westminster

À esquerda: Como todos os grandes lordes, Warwick tinha seu próprio selo. Em teoria, um documento selado tinha a autoridade do dono do selo, embora, na mente de Warwick, sua autoridade fosse um tanto maior do que acarretava sua posição oficial.

mas acabou envolvido numa escaramuça com integrantes da casa real. Ele declarou que era um atentado deliberado contra sua vida e fugiu da capital. Pode ter sido isso mesmo ou, talvez, uma tentativa de prendê-lo longe do grosso de sua guarda e à qual ele resistiu; pode ter sido até engendrado por Warwick e seus partidários como desculpa para não enfrentar o julgamento da corte.

Fosse como fosse, Warwick retornou a seus navios e partiu para Calais. Mais tarde, foi convocado, juntamente com York e Salisbury, para um conselho em Coventry. Os três declinaram o convite por considerar demasiado o risco de prisão. Havia bases sólidas para essa suspeita: prender um nobre cercado por um exército ou num castelo amigo exigiria muito esforço caso ele preferisse resistir, o que criaria um incidente conflituoso que poderia ter outras repercussões. Uma prisão sem alarde quando ele só tivesse para protegê-lo um punhado de guardas, em terreno controlado pela facção responsável pela prisão, era mais simples e menos custoso. Também seria muito mais fácil controlar a notícia das circunstâncias em torno da prisão caso não ela não acontecesse às claras.

Portanto, os principais yorkistas estavam numa posição em que teriam de desafiar a autoridade real para proteger a própria se-

> "Warwick foi chamado de volta à corte para se explicar. Ele chegou a Westminster, mas acabou envolvido numa escaramuça..."

gurança. Não se sentiam mais protegidos pela estrutura social a que pertenciam e não podiam confiar na conduta honrada dos inimigos. Estava prestes a começar a segunda fase da Guerra das Rosas, na qual a situação passou das maquinações políticas internas para a luta franca entre o rei da Inglaterra e seus inimigos.

A batalha de Blore Heath

Ricardo de York percebeu que ignorar a convocação real era um desafio às claras, talvez até traição, e começou a reunir forças para o conflito que, provavelmente, logo começaria. Formou um exército próprio e instruiu seus partidários a se reunirem no castelo de Ludlow, nos Welch Marches, região na fronteira com o País de Gales. Ludlow era uma opção lógica, por ser uma das principais fortalezas de Ricardo, mas de certa forma também podia ser considerada simbólica: era uma possessão da família Mortimer, cuja pretensão ao trono fora um ponto de união de rebeldes no passado; Jack Cade usara o sobrenome "Mortimer" por essa razão. Se esse foi ou não um elemento da escolha de York, se preocupou ou não seus aliados e inimigos, o rei agiu depressa, embora sem sucesso, para impedir a união das forças yorkistas.

Ricardo Neville, conde de Salisbury, partiu do castelo de Middleham, em Yorkshire, na direção de Ludlow. Levava consigo cerca de cinco mil homens, enquanto uma força lancastriana, com quase o dobro desse efetivo, aguardava na charneca de Blore Heath. As tropas se encontraram em 23 de setembro de 1459. Embora os lancastrianos estivessem escondidos atrás de uma

Abaixo: Blore Heath favorecia o exército lancastriano, que tinha a seu favor a posição, a vantagem numérica e a iniciativa estratégica. Os lancastrianos só precisavam impedir o avanço yorkista.

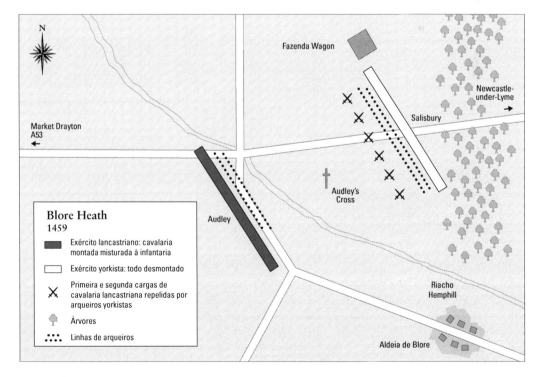

À direita: Embora não estivesse presente com o exército lancastriano, reza a lenda que Margarida de Anjou assistiu à batalha de Blore Heath na torre de uma igreja próxima. Ela fugiu quando a derrota ficou óbvia. A placa diz: Neste local ficava a ferraria de William Skelhorn, na qual a rainha Margarida mandou inverter as ferraduras de seus cavalos para auxiliar a fuga da batalha de Blore Heath, 23 de setembro de 1459.

sebe, seus estandartes foram avistados, e a força de Salisbury parou para se organizar. Embora prevenisse a emboscada, Salisbury estava em má posição. Sua desvantagem numérica era de dois para um, e a força lancastriana lhe cortava o caminho com um bosque atrás para dificultar a retirada. Um riacho que corria entre as duas forças tornava o ataque difícil, qualquer que fosse o lado a tomar a iniciativa. O barão Audley, comandante lancastriano, provavelmente podia se dar ao luxo de esperar. Sua missão era impedir a união das forças yorkistas e era o que estava fazendo. Seria sensato esperar que ficasse em posição defensiva para aguardar o ataque que, inevitavelmente, Salisbury teria de fazer.

Como era típico na época, a batalha começou com uma troca de arautos que levavam as palavras dos comandantes de um lado a outro, numa prolongada série de propostas. Quando a negociação fracassou, os arqueiros de ambos os lados começaram uma escaramuça a distância que se mostrou igualmente inconclusiva. Salisbury, então, ordenou que parte de sua força recuasse, como se planejasse romper o contato. Isso provocou a força lancastriana a atacar, o que, em outras circunstâncias, poderia ter sido um golpe decisivo. Contudo, enquanto a cavalaria lancastriana se esforçava para atravessar as margens íngremes do riacho, os homens de Salisbury avançaram para enfrentá-los; impuseram pesadas baixas e os fizeram recuar. Uma segunda investida conseguiu forçar a travessia, mas não rompeu a força yorkista. Audley foi morto na luta e, quando o terceiro ataque também foi repelido, alguns elementos das forças lancastrianas trocaram de lado. Salisbury se aproveitou da confusão para lançar seu próprio ataque, que derrotou os lancastrianos. Consta que o exército lancastriano sofreu cerca de duas mil baixas, mas o mais importante foi ter ficado ineficaz naquele momento como força de combate. Salisbury conseguiu avançar até Ludlow e se unir aos aliados. A partir de lá, a força combinada começou a marcha para Worcester.

> "Audley foi morto na luta, e, quando o terceiro ataque também foi repelido, alguns elementos das forças lancastrianas trocaram de lado."

Desastre yorkista na ponte de Ludford

Em outubro de 1459, Ricardo de York se concentrou com seus aliados em Ludlow.

Ele marchou para Londres, mas soube de uma força real muito superior que se deslocava para interceptá-lo. Depois de uma breve parada em Worcester, York recuou para a cidade de Ludford, associada a seu castelo de Ludlow. Ele enviou as costumeiras mensagens de lealdade e apoio ao rei Henrique, talvez na esperança de negociar mais um acordo, mas esse tempo já passara.

Nessa conjuntura, York tinha um problema grave. Uma coisa era travar escaramuças com lordes leais ao círculo de favoritos de Henrique, outra bem diferente erguer-se em armas contra o próprio rei. Embora o conflito fosse apresentado como a tentativa leal de remover maus conselheiros do acesso ao trono e libertar o rei de sua influência, muitos tinham se disposto a lutar. Agora o próprio rei comandava o exército que se aproximava de Ludlow, e não se sabia quantos soldados de York se disporiam a lutar contra ele.

York estabeleceu uma posição defensiva com o rio à frente, protegendo com canhões os acessos à ponte, mas havia pouca confiança entre seus partidários. As esperanças yorkistas receberam o golpe de misericórdia quando um destacamento da guarnição de Calais se passou para o exército real. Os lí-

Abaixo: O castelo de Ludlow foi ocupado por forças lancastrianas em 1459, mas permaneceu em posse da família do duque de York. Eduardo IV mandou seu filho Eduardo para ser criado em Ludlow, e foi de lá que partiu para ser coroado em Londres.

Acima: A batalha da ponte de Ludford foi decidida quando parte da força yorkista mudou de lado. Quando o exército yorkista se desfez, seus líderes fugiram e acabaram se refugiando em Calais e na Irlanda. Foram proscritos pelo Parlamento sem sua presença.

deres yorkistas aguardaram até o anoitecer e fugiram às escondidas, deixando os soldados entregues a seu destino. No caso, esse destino foi bastante misericordioso, embora a cidade fosse pilhada. Desertada pelos comandantes, a força yorkista se rendeu e recebeu o perdão real. A esposa de York e seus filhos menores foram capturados, mas não maltratados. O próprio York escapou pelo País de Gales e acabou chegando à Irlanda, enquanto Warwick e Salisbury fugiram de navio para Calais.

Henrique VI convocou o Parlamento, que se reuniu em 20 de novembro. Essa sessão foi chamada de Parlamento dos Demônios porque seu propósito era aprovar decretos de proscrição (bills of attainder) contra os líderes yorkistas, que proscreviam culpados de traição ou de algum outro crime grave sem que houvesse julgamento. Este último não seria possível; os líderes yorkistas nunca se apresentariam para julgamento diante de uma corte hostil.

Os líderes yorkistas foram todos proscritos e, assim, perderam seus direitos, títulos e propriedades. Estes passariam à Coroa em vez de serem herdados da maneira normal. Os proscritos pelo Parlamento nessa ocasião foram Ricardo de York e seus filhos mais velhos Eduardo e Edmundo, assim como os

RICARDO NEVILLE, CONDE DE WARWICK, "O FAZEDOR DE REIS"

Ricardo nasceu em 1428 na poderosa família Neville, cujas principais propriedades ficavam no norte da Inglaterra. Seu pai, também chamado Ricardo Neville, era o filho mais novo do conde de Westmoreland, mas se tornou conde por direito próprio ao se casar com Anne, condessa de Salisbury. Isso fez do jovem Ricardo Neville herdeiro do condado de Salisbury; pelo casamento, herdou o condado de Warwick. Tornou-se conde de Warwick em 1449 e, em geral, é chamado por esse título, mesmo quando os eventos aconteceram antes dessa data.

A nova ligação de Neville com Warwick criou um conflito com a família Beaufort, que também tinha direito a herdar parte das mesmas terras pelo casamento; sua família também estava envolvida numa longa rixa com os Percy. Em 1452, quando houve o primeiro desafio de Ricardo de York, o jovem Neville ficou do lado de Henrique VI, mas fatos subsequentes o empurraram para o campo yorkista.

A rivalidade constante com os Beaufort piorou quando estes receberam a concessão de terras que Neville também pretendia. Os Beaufort eram favoritos na corte e usavam sua influência em detrimento dos outros, principalmente depois que Henrique VI ficou incapacitado pela loucura em 1453. Quando os Beaufort passaram à obscuridade e Ricardo de York se tornou Lorde Protetor, Warwick foi um poderoso partidário de sua facção.

A nomeação de Warwick como Capitão de Calais aumentou ainda mais seu poder pessoal e lhe permitiu agir como "fazedor de reis" nos estágios posteriores da Guerra das Rosas. Em 1462, ele era o homem mais rico e poderoso do país depois do rei — e é possível que exercesse mais influência do que o rei, embora tivesse menos poder direto.

Depois da ascensão de Eduardo IV ao trono, o poder de Warwick ficou tão grande que, por algum tempo, ele teve tanto Henrique VI quanto Eduardo IV aprisionados sob seu controle. No entanto, os fatos se voltaram contra ele, que foi forçado a fugir para o continente e forjar uma aliança improvável com Margarida de Anjou.

Proscrito pelo Parlamento em 1470, Warwick finalmente caiu na batalha de Barnet, em 1471, quando foi morto tentando escapar do colapso de suas forças. Mesmo depois disso, a divisão de suas terras e posses provocou disputas que culminaram no choque entre Ricardo de Gloucester (Ricardo III) e o duque de Clarence.

À esquerda: A influência de Ricardo Neville na política inglesa era generalizada. Suas disputas se tornaram um dos fatores que configuraram o curso da Guerra das Rosas, e seu uso de cargos da Coroa para enriquecer provocou tensão com potências estrangeiras.

condes de Warwick e Salisbury, ambos chamados Ricardo Neville.

Teoricamente, o Parlamento dos Demônios privou os líderes yorkistas de todas as suas propriedades e da capacidade de obter recursos e soldados. No entanto, se a facção lancastriana conseguisse alienar parte suficiente da nobreza restante, os yorkistas poderiam ser reconhecidos como líderes contra a Coroa. Na época, isso seria improvável; aparentemente, Henrique VI acabara com a oposição a seu reinado e estava em posição segura. No entanto, muitos se preocuparam com a severidade da punição dos yorkistas, principalmente porque a corte era dominada pelos favoritos de Henrique, que não se furtariam a usar processos jurídicos para obter o que queriam. Os que não gozavam desse favor ou que não tinham poder para se opor ficaram receosos, já que, sem o contrapeso yorkista, nada impediria o círculo de favoritos de fazer o que quisesse.

Prosseguem as hostilidades

Warwick chegou a Calais pouco antes de Henrique Beaufort, duque de Somerset, mandado para tomar posse em seu lugar. A guarnição de Calais permaneceu leal a Warwick e repeliu a tentativa de Somerset de assumir o controle do porto. A posição de Warwick era tão segura que ele mandou uma frota atacar Sandwich.

Lá, Ricardo Woodville, conde Rivers, estava posicionado para se defender exatamente de uma tentativa dessas. No entanto, Rivers foi capturado e sua força, derrotada.

À direita: A batalha de Northampton foi uma decisiva vitória yorkista, obtida, pelo menos em parte, por traição. A defecção de lorde Grey de Ruthyn comprometeu uma posição bastante forte e permitiu que os yorkistas capturassem Henrique VI mais uma vez.

O PARLAMENTO DOS DEMÔNIOS 99

Em seguida, Warwick zarpou para a Irlanda, onde Ricardo de York, na época, buscava apoio à sua causa junto à nobreza irlandesa. Como Warwick, York conseguiu rechaçar o comandante lancastriano enviado para substituí-lo — o conde de Wiltshire, no caso de York.

Warwick e York combinaram um plano de ação e, em junho de 1460, Warwick voltou à Inglaterra à frente de uma força de Calais. Com ele, estavam o conde de Salisbury e Eduardo, conde de March. Eles desembarcaram em Sandwich e marcharam sobre Londres, obtendo apoio pelo caminho. Houve pouca oposição em Londres, onde Warwick ainda era popular em consequência de suas vitórias contra os franceses e seu apoio à classe de mercadores, pois na época o rei estava em Coventry.

Em julho de 1460, um exército yorkista, sob o comando de Warwick e Eduardo, conde de March, enfrentou o exército real em Northampton. O exército lancastriano, comandado pelo duque de Buckingham, estava numa posição fortificada protegida por canhões, que não funcionaram devido à forte chuva caída no dia da batalha. Além de parte da defesa lancastriana ser anulada pela chuva, outra parte ainda maior abandonou o combate por traição. O flanco esquerdo lancastriano, comandado por lorde Grey, se afastou e permitiu que o avanço yorkista penetrasse em sua posição. Tinham prometido a lorde Grey apoio em suas dis-

Abaixo: Com o colapso das forças lancastrianas em Northampton, homens bravos e leais, inclusive vários grandes nobres, deram a vida na última tentativa de proteger a retirada do rei. Henrique VI não se deslocou com rapidez suficiente e tornou inútil seu sacrifício.

O ACORDO DO DIA DO AMOR

Depois de negociações difíceis e prolongadas, redigiram-se os termos do Acordo do Dia do Amor. A maioria das cláusulas era financeira e oferecia compensação em dinheiro por injustiças sofridas ou alegadas. Muitos termos pretendiam reduzir tensões no reino; a rixa entre Percy e Neville foi um alvo específico do acordo.

Sob juramento solene e com compensação financeira, lorde Egremont (da família Percy) comprometeu-se a manter a paz com os Neville durante dez anos. O conde de Salisbury, do lado Neville, teria de suspender multas cobradas de lorde Egremont. A facção yorkista financiaria uma capela na Abadia de St. Albans, onde seriam feitas orações pelos mortos na batalha. Os lancastrianos aceitariam isso como compensação pela morte dos parentes e não tentariam vingança.

Entre os pactos financeiros, havia um acordo pelo qual o conde de Warwick pagaria mil marcos à família Clifford, enquanto Ricardo de York entregaria cinco mil marcos a Somerset. Como a Coroa lhe devia uma grande quantia e ele achava provável nunca recebê-la, York transferiu a Somerset parte da dívida real em vez de realmente lhe entregar algum dinheiro. Embora dificilmente estivesse no espírito do Acordo do Dia do Amor, esse ato é um exemplo de como a maioria dos envolvidos via o acordo. Embora os líderes yorkistas e lancastrianos tivessem ido de braço dado atrás de Henrique VI até a Catedral de São Paulo, em poucos meses voltaram a lutar pelo controle do reino.

putas pessoais, além, possivelmente, de um alto cargo no governo. Esse ato de traição permitiu que os yorkistas rompessem facilmente as defesas lancastrianas.

Embora comprometidas, as forças lancastrianas remanescentes ofereceram duro combate. O duque de Buckingham morreu tentando impedir que os yorkistas se aproximassem do rei, como prometera fazer antes da batalha. Vários outros nobres foram mortos, mas o derramamento de sangue foi limitado pela ordem de Warwick de poupar todos os soldados plebeus que depusessem as armas. O rei foi capturado em sua tenda e escoltado até Londres com grande cortesia. Lá eles se reuniram a Ricardo de York, que retornara da Irlanda com tropas próprias.

A Lei do Acordo

O Parlamento foi convocado em outubro e, dessa vez, Ricardo de York declarou sua pretensão ao trono pondo a mão sobre ele. Isso provocou divisão na nobreza; expulsar o círculo corrupto de assessores de Henrique era bem diferente de depor o rei. Perguntaram a York por que apresentava sua pretensão naquele momento e não antes, quando tivera oportunidade, e ele respondeu que poderia calar seu direito, mas nem assim ele expiraria ou se reduziria.

No entanto, o Parlamento não estava disposto a aceitar a usurpação do trono. Dentre os que buscavam um acordo negociado, Warwick era o principal; no encontro com York na Irlanda, ele pode ou não

ter sido informado do plano de usurpar o trono. Seja como for, ele não apoiou a pretensão quando chegou a hora, o que forçou uma nova rodada de negociações.

O resultado foi a Lei de Acordo, um pacto pelo qual Henrique VI reinaria pelo resto da vida e depois a coroa passaria para Ricardo de York. Isso deserdava o jovem príncipe Eduardo, o que era totalmente inaceitável

> "Havia cada vez mais coisas em jogo, com as facções cada vez mais intolerantes com os que tentavam ficar de fora."

para Margarida de Anjou. Muitos outros partidários lancastrianos concordaram, e criou-se uma situação em que os yorkistas controlavam Londres, e o rei e boa parte do resto do país se opunham a eles.

De certo modo, essa situação era o inverso da que predominara no início das hostilidades, mas a semelhança é, no máximo, superficial. Muito mudara nos últimos anos, e o que fora uma disputa dinástica e territorial evoluíra para uma série de brigas sangrentas entre as casas nobres. Havia cada vez mais coisas em jogo, e as facções se tornavam cada vez mais intolerantes com os que tentavam ficar de fora.

A batalha de Wakefield

Margarida de Anjou não tinha a mínima intenção de aceitar Ricardo de York como

À esquerda: A posição do castelo de Sandal fez dele uma base útil quando Margarida de Anjou formou um exército no norte da Inglaterra. Dali Ricardo saiu para o combate em Wakefield e foi morto quando seu exército sofreu uma derrota decisiva.

Página ao lado: Em 1460, a Guerra das Rosas se tornou tão selvagem que o ódio superou com frequência os costumes sociais e o ganho financeiro. Edmundo de Rutland, filho de Ricardo de York, foi morto apesar de oferecer um resgate que, provavelmente, era uma quantia considerável.

herdeiro do trono e buscou a ajuda de Jaime III da Escócia. Enquanto isso, forças lancastrianas se reuniam em West Country, no País de Gales e no norte da Inglaterra.

York deixou Warwick no controle de Londres para assegurar que o rei permanecesse sob controle yorkista, mandou o filho Eduardo para cuidar dos problemas no oeste e marchou para o norte em 9 de dezembro de 1460. Os relatos variam a respeito de seu efetivo; talvez ele pretendesse obter mais homens pelo caminho, talvez tivesse subestimado o nível de oposição que enfrentaria.

Em 16 de dezembro, a força de York encontrou o primeiro adversário. Uma força lancastriana sob o comando de Edmundo Beaufort (mais tarde, duque de Somerset), a caminho do norte para se unir a outros partidários lancastrianos, foi encontrada perto de Worksop. As descrições divergem, mas parece ter sido uma escaramuça menor que não impediu a marcha para o norte da tropa de York. No dia 21, o exército de York parou no castelo de Sandal, perto de Wakefield. As forças lancastrianas estavam acampadas em Pontefract, e eram bastante poderosas para repelir as tentativas iniciais de reconhecimento de York. Ele mandou mensageiros pedindo reforços, mas preferiu atacar antes que eles chegassem.

Talvez isso se devesse à falta de suprimentos. A marcha para o norte consumira grande proporção dos suprimentos do exército, e em dezembro, no inverno, seria difícil encontrar mais pelo caminho. York talvez decidisse se arriscar a uma batalha porque a alternativa seria recuar em poucos dias por falta de comida. Talvez também temesse o cerco, caso o inimigo continuasse a receber reforços; talvez tivesse apenas excesso de confiança.

Também já se afirmou que York não pretendia lutar e foi enganado por falsos estandartes, que o levaram a pensar que os reforços tinham chegado e, assim, saiu para lutar e se unir a eles. E é possível que York preparasse uma expedição de caça que encontrou soldados lancastrianos, provocando um choque crescente em que seu exército ficou em grande desvantagem numérica. De acordo com alguns relatos, um segmen-

À direita: O local onde Ricardo, duque de York, foi morto na luta em Wakefield é homenageado por um monumento. Seu título dera identidade à facção, mas pouco depois de sua morte as linhas faccionais se tornaram bastante indefinidas. O pedestal diz: Ricardo Plantageneta, duque de York, lutando pela causa da Rosa Branca, caiu neste ponto na batalha de Wakefield. 30 de dezembro de 1460.

Acima: Os vencedores em Wakefield não foram bondosos. A cabeça de Ricardo, com uma coroa de papel, ficou exposta nas muralhas de York. A intenção, provavelmente, era desmoralizar os yorkistas remanescentes, mas não houve colapso do moral.

to da força lancastriana avançou rumo ao castelo de Sandal na tentativa de provocar a saída de York. A estimativa de seu tamanho indicava que ele conseguiria derrotá-lo, mas, depois que a batalha começou, chegaram outros setores do exército lancastriano, que derrotaram a força de York.

Ricardo de York foi morto em combate. Seu filho Edmundo de Rutland tentou escapar e foi capturado; tentou oferecer resgate por sua vida, mas foi morto mesmo assim. O conde de Salisbury foi capturado pouco depois da batalha, e a princípio permitiram que negociasse um resgate. No entanto, caiu nas mãos de plebeus que lhe tinham rancor e foi executado. Essa situação não era rara na época; os nobres tinham muito a ganhar obedecendo às cortesias e ao costume do resgate, mas os plebeus não eram protegidos por esse sistema e pouco ganhariam se poupassem um nobre; era improvável que recebessem alguma parte do pagamento feito por sua vida.

A cabeça de Ricardo de York, com uma coroa de papel, foi exposta em York ao lado das de Salisbury e Rutland. Depois disso, o exército lancastriano marchou para o sul, rumo a Londres. No entanto, a causa yorkista não estava perdida. A capital e o rei continuavam sob o controle de Warwick, e Eduardo, conde de March, herdou a pretensão do pai ao trono da Inglaterra.

HERÁLDICA E OUTROS SÍMBOLOS

A PRÁTICA DE usar símbolos para denotar a identidade de nobres ou homens de armas data provavelmente do reinado de Henrique I ou de antes ainda, e parece que por volta de 1150 já fora amplamente adotada. Os desenhos heráldicos começaram como linhas e formas bem simples gravadas com cores contrastantes, geralmente em escudos, para ajudar os combatentes a distinguir amigo de inimigo.

Isso era importante numa época anterior às fardas e outras marcas de distinção e fazia mais do que prevenir incidentes de "espada amiga". O fato de ser identificado permitia que um lorde ou cavaleiro reunisse amigos e aliados e ajudava a assegurar que suas façanhas no campo de batalha fossem notadas. A condição social estava ligada à perícia com as armas, e era importante que não se contestasse quem realizara qual façanha. Não surpreende que cores vivas e contrastantes — na verdade, cores e "metais" — fossem usadas para garantir que os desenhos se destacassem a ponto de serem reconhecidos através das fendas da viseira do elmo em meio ao caos da batalha. Desenvolveu-se uma terminologia para descrever a heráldica cada vez mais complexa da Europa, que continuou a cumprir seu papel original de identificação no campo de batalha mas também assumiu significados mais amplos. Os símbolos heráldicos indicavam o primeiro filho, o segundo e os mais novos de uma casa, e havia regras para combinar símbolos heráldicos quando grandes famílias se casavam.

A heráldica se incorporou à decoração e foi usada para identificar posses ou guardas de uma casa importante, criando algo próximo da atual identidade empresarial. Uma tendência relacionada foi o uso crescente de emblemas pelos plebeus ligados a uma casa nobre. Mercadores e artesãos, assim como cidadãos e até trabalhadores braçais, começaram a exibir o emblema da casa nobre à qual deviam vassalagem. Naturalmente, os emblemas mais famosos foram as rosas vermelha e branca de Lancaster e York. Não eram símbolos heráldicos, mas um símbolo de identidade e lealdade usado pelos partidários de ambas as facções.

À esquerda: As rosas vermelha e branca eram símbolos usados por comerciantes, servos e outros seguidores para denotar sua lealdade às casas de York e Lancaster. Não eram estandartes de combate nem símbolos faccionais na época do conflito.

ROSA VERMELHA DA CASA DE LANCASTER ROSA BRANCA DA CASA DE YORK

5
EDUARDO, CONDE DE MARCH

Quando Ricardo de York era Lugar-Tenente da França, Cecília Neville, sua esposa, estava com ele em Rouen quando deu à luz um filho. O menino foi batizado como Eduardo e, embora fosse o segundo filho do casal, foi o primeiro a sobreviver até a idade adulta.

"Como prisioneiro, Henrique foi privado de liberdade e controle."

Portanto, Eduardo se tornou o sétimo conde de March, que era o mais elevado dos títulos menores do duque de York, e herdeiro aparente do ducado de York. Ele também herdou do pai o direito à coroa como descendente de Eduardo III. A liderança da facção yorkista passou para Eduardo em 1460, depois da batalha de Wakefield em que o pai e o irmão mais novo Edmundo foram mortos. Nessa época, Eduardo fazia campanha no oeste do país contra forças lancastrianas lá posicionadas, enquanto o conde de Warwick mantinha Londres.

Nesse período, Henrique VI estava preso em Londres, embora ainda fosse rei, pelo menos no nome. A meta lancastriana era libertar o monarca e expulsar os yorkistas de Londres; Eduardo e suas forças no oeste não eram prioridade. Isso refletia tanto a importância dos símbolos quanto a economia da época; Londres era o centro da economia inglesa, e dominá-la traria vantagens financeiras; de modo igualmente importante, ela simbolizava o controle. A facção que ocupasse a sede do governo, além de ter acesso mais fácil à administração, também ganharia apoio por ser vista no controle.

Eduardo, conde de March, entrou em Londres em fevereiro de 1461. Foi favoravelmente recebido pela população e coroado em 4 de março de 1461, embora o exército lancastriano, nominalmente comandado por Henrique VI, ainda representasse uma ameaça significativa.

EDUARDO, CONDE DE MARCH

EDUARDO, MAIS TARDE Eduardo IV da Inglaterra, nasceu em Rouen em 1442, quando o pai era Lugar-Tenente da França. Foi o primeiro rei yorkista da Inglaterra e um dos poucos a serem depostos e recuperarem o trono. Ele também obteve a distinção, rara na Guerra das Rosas, de viver o suficiente para morrer de causas naturais.

Eduardo era alto e bonito, com modos que, segundo muitos, o tornavam agradável, mas não era tão fácil de conduzir quanto Henrique VI. Com isso, e também devido a seu considerável talento de guerreiro, era um excelente candidato à Coroa. Eduardo foi o sétimo conde de March e herdou o título de duque de York depois da morte do pai, Ricardo de York, na batalha de Wakefield, em 1460. Também herdou o direito do pai à sucessão do trono da Inglaterra. Mesmo se quisesse, não teria a opção de ficar de fora da Guerra das Rosas; sua pretensão ao trono o tornava potencialmente perigoso para Henrique VI e seus partidários, que com certeza aprisionariam e até executariam Eduardo se conseguissem pôr as mãos nele.

Eduardo IV foi coroado em 1461, enquanto Henrique VI estava preso. A facção lancastriana já recebera alguns golpes fortes, e Eduardo IV continuou a sufocar a oposição depois de coroado. No entanto, sua preferência por seguir os próprios desejos em vez de obedecer a Ricardo Neville, conde de Warwick, resultou numa rixa entre o rei e seu fazedor que acabou em conflito declarado. Eduardo foi preso durante algum tempo e libertado em 1469.

Acima: O selo de Eduardo IV. O reinado de Eduardo foi como uma ilha de estabilidade em tempos de turbulência, mas embora o reino parecesse bastante seguro contra a ameaça lancastriana, sua política afastou ex-yorkistas.

Novos conflitos entre Eduardo IV e Warwick resultaram na volta de Henrique VI ao trono e na fuga de Eduardo para o continente europeu, onde recebeu o apoio do duque da Borgonha. Isso lhe permitiu retornar à Inglaterra e obter novo apoio. Eduardo derrotou Warwick em combate em 1471, em Barnet, onde o fazedor de reis foi morto.

Eduardo IV recuperou o trono e se sentiu em segurança suficiente para fazer campanha contra a França em 1475 e contra a Escócia em 1482. Morreu em 1483 e, por pouco tempo, foi sucedido pelo filho Eduardo. No entanto, o príncipe de 12 anos foi interceptado a caminho de Londres e aprisionado por Ricardo, duque de Gloucester, que então assumiu o trono como Ricardo III.

EDUARDO, CONDE DE MARCH 111

Acima: Henrique VI tinha o raro talento de ser capturado pelos inimigos. Não se sabe exatamente por que seus inimigos o deixaram vivo quando tantos outros foram executados, mas isso permitiu que Warwick usasse Henrique como títere em 1470 e 1471.

Era a mesma coisa com a pessoa do rei. O controle do rei possibilitava forçá-lo a concordar com medidas que, de outro modo, talvez não fossem aprovadas, mas também era um símbolo de quem, na verdade, controlava o reino. A divisão do país em facções era bem conhecida, e fatos como a captura ou a libertação do rei fariam um lado ou outro parecerem muito mais fortes. Isso ajudaria a forçar partidários ou mesmo observadores bastante neutros a escolher o campo yorkista ou lancastriano.

A segunda batalha de St. Albans

Depois de derrotar e matar Ricardo de York em Wakefield, em dezembro de 1460, pode-se perdoar a facção lancastriana por pensar que a maré virara. No entanto, Londres continuava em mãos yorkistas, assim como o rei. Comandada por Margarida de Anjou, a força lancastriana marchou para o sul na intenção de retomar a capital e libertar Henrique VI do cativeiro.

O exército lancastriano tinha cerca de quinze mil homens e a vantagem adicional de Andrew Trollope ter-se juntado a ele. Trollope era ex-comandante das forças do conde de Warwick e liderava o contingente de Calais que desertou na batalha de Ludford. Ele levou consigo combatentes experimentados, temperados na defesa de Calais contra os franceses, mas era igualmente importante que sabia como Warwick pensava. Outro ex-yorkista que ajudava a força lancastriana era Sir Henrique Lovelace, capturado em Wakefield e, mais tarde, libertado com a condição de que trocasse de lado. As informações que forneceu permitiram que o exército lancastriano chegasse rapidamente a Dunstable, evitando o contato com outras forças yorkistas na área, e capturasse rapidamente a cidade.

Dunstable foi tomada em 16 de fevereiro de 1461; depois disso, a força lancastriana fez uma noite de marcha até St. Albans. Provavelmente essa foi uma sugestão de Trollope, que previu corretamente a disposição de Warwick. A tomada de St. Albans deixaria a força lancastriana no flanco de Warwick, mas eles não encontraram a cidade indefesa. O primeiro avanço lancas-

> "A tomada de St. Albans deixaria a força lancastriana no flanco de Warwick, mas eles não encontraram a cidade indefesa."

Acima: A vitória na segunda batalha de St. Albans permitiu que Margarida de Anjou libertasse o marido do cativeiro, mas a vantagem militar obtida foi breve. O fracasso na tomada de Londres devolveu a iniciativa aos yorkistas.

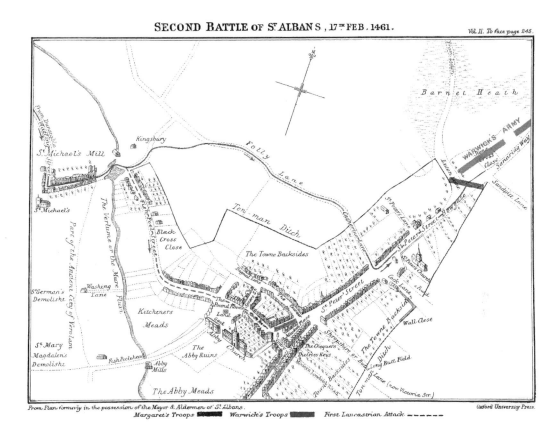

Acima: As forças lancastrianas começaram a atacar St. Albans pouco depois do amanhecer. Eles investiram morro acima e passaram pela abadia, onde foram enfrentados por arqueiros yorkistas que atiravam de dentro das casas. Esse primeiro ataque foi rechaçado.

triano foi combatido pelos arqueiros dentro da cidade e forçado a recuar, mas Trollope comandou um movimento de flanco que isolou os arqueiros do resto dos dez mil homens do exército de Warwick. A luta pela cidade durou o dia inteiro; aos poucos, os yorkistas foram empurrados para uma área menor da cidade e vencidos.

O apoio aos arqueiros demorou a chegar, principalmente porque os comandantes de Warwick acharam que era um ataque diversionário, mas afinal ficou claro que a ameaça principal não viria do norte. Warwick começou a reorganizar seu exército, que avançou lentamente. As formações mais próximas atacaram para aliviar os arqueiros que ainda combatiam em St. Albans, mas foram rechaçadas. Alguns relatos atribuem isso à traição, no momento certo, de Sir Henrique Lovelace, que passou da operação de suprimentos para combater abertamente pelos lancastrianos. Fosse ou não o caso, a força de Warwick já estava em desvantagem numérica antes desse componente se afastar. A situação ficou muito ruim e piorou ainda mais com o tempo chuvoso que impedia o funcionamento correto de canhões e bombardas de mão. A única opção seria tentar a retirada diante do inimigo, correndo o risco de um colapso total do exército. Apesar da dificuldade de romper contato, Warwick conseguiu retirar cerca de quatro mil dos dez mil homens com que começara o combate e se afastar. Foi auxiliado pela chegada da noite e pela exaustão do campo lancastriano. Depois de marchar a noite inteira e lutar durante o dia, a força lancastriana não estava em condições de dar perseguição.

> "Aparentemente, nessa época Henrique estava em outro de seus surtos de loucura; muitos relatos o descrevem desatento à batalha travada à sua volta."

Nem toda a hoste yorkista escapou. Alguns elementos ficaram isolados e incapazes de fugir, e dois cavaleiros específicos tiveram um destino trágico. Lorde William Bonville e Sir Tomás Kyriell, ambos homens distintos e honrados, apresentaram-se como voluntários para proteger o cativo Henrique VI durante a batalha. Aparentemente, nessa época Henrique estava em outro de seus surtos de loucura; muitos relatos o descrevem desatento à batalha travada à sua volta. Portanto, era necessário tanto protegê-lo quanto impedir sua fuga. Bonville e Kyriell asseguraram que seu cativo ficasse ileso durante a batalha e a retirada um tanto confusa que se seguiu, e entregaram Henrique aos lancastrianos com o devido respeito. Em troca dessa cortesia, Margarida de Anjou ordenou que fossem executados. Seu filho príncipe Eduardo (na época com uns 7 anos) foi encarregado de escolher o método, e ele optou pela decapitação. O jovem príncipe demonstraria um fascínio curioso por decapitar seus inimigos. Observadores que o consideraram um rapazinho bastante estranho registraram que esse era um de seus tópicos de conversa preferidos durante o exílio na França.

Aparentemente, Henrique VI recuperou os sentidos a ponto de promover a cavaleiros alguns de seus salvadores, como o príncipe Eduardo e Andrew Trollope. Depois disso, o exército lancastriano seguiu para o sul, rumo a Londres. Lá, encontraram os portões da cidade fechados contra eles. A principal razão disso era o medo de que o exército lancastriano saqueasse a cidade. Houvera muitas pilhagens na marcha para o sul, tanto para obter suprimentos quanto para manter a lealdade do contingente escocês que se unira a ele. Muitos desses homens eram aventureiros e mercenários sem nenhum interesse nas rixas dinásticas da Inglaterra, mas com forte desejo de encher o bolso enquanto podiam. Embora esses guerreiros tivessem aumentado muito a capacidade de combate lancastriana, agora seus excessos se tornavam um grave problema.

Sem poder entrar em Londres, a força lancastriana se retirou para o norte, perdendo pelo caminho parte do contingente escocês. A maioria voltou para casa; alguns escapuliram para saquear com mais liberdade. Isso enfraqueceu a hoste lancastriana bem na hora em que outra batalha estava prestes a acontecer.

Eduardo retorna

Eduardo, filho de Ricardo de York, ficara ativo no oeste desde o ano anterior. Enquanto passava o inverno em Gloucester, ele alistou soldados com planos de se opor às forças lancastrianas do País de Gales. Com a notícia da morte do pai, Eduardo começou os preparativos para marchar sobre Londres, mas foi impedido por Sir Owen Tudor e o conde de Pembroke, que comandavam um exército lancastriano a leste do País de Ga-

Acima: Na época da batalha de Mortimer's Cross, em 1461, as represálias e contrarrepresálias eram comuns depois das batalhas. Não havia misericórdia para lancastrianos importantes capturados; entre os executados estava Owen Tudor, padrasto de Henrique VI.

les. Ansioso para impedir a junção dessas novas forças com a principal hoste lancastriana, Eduardo se deslocou para enfrentá-los com cerca de 2.500 homens. Estava em desvantagem numérica, mas os 3.500 homens do inimigo não eram experientes.

Enquanto avançava para Mortimer's Cross, o exército de Eduardo assistiu a um efeito que lhe foi apresentado como bom presságio: o parélio, fenômeno meteorológico que faz parecer que há três sóis no céu ao mesmo tempo. Eduardo interpretou seu significado como os três filhos remanescentes de seu pai, e mais tarde usou como seu emblema essa imagem do "sol em esplendor".

A batalha que se seguiu em 2 de fevereiro de 1461 começou como uma inversão de Blore Heath. A força yorkista podia se dar ao luxo de manter posição, enquanto os lancastrianos tinham de abrir caminho para se encontrar com o resto de sua facção. Portanto, foram os lancastrianos inexperientes que atacaram. Depois de uma troca de flechas, as facções se chocaram num combate pouco documentado em que a força yorkista saiu vitoriosa. Dado o pequeno tamanho dos exércitos envolvidos e o fato de o campo de batalha ser restrito pelo Rio Lugg e pela floresta a oeste, é possível que

À esquerda: Owen Tudor foi o segundo marido de Catarina de Valois, com quem se casou apesar da proibição do Parlamento. Embora geralmente em desacordo com a Coroa, ele lutou pela causa lancastriana até ser capturado e executado em Mortimer's Cross. A placa diz: OWEN TUDOR, marido galês da rainha Catarina, viúva do rei Henrique V, foi executado em Hereford em 1461, depois da batalha de Mortimer's Cross. Avô do rei Henrique VII, fundador da dinastia Tudor, dizem que sua cabeça cortada foi posta no degrau mais alto da cruz da praça do mercado que havia perto deste ponto.

A ADAGA DE RODELAS E A MISERICÓRDIA

A ADAGA ERA a arma de último recurso mais comum entre os homens de armas; era usada também por outros tipos de soldado. Havia vários tipos disponíveis: desde ferramentas empregadas como armas a adagas especializadas em perfurar armaduras.

A adaga de rodelas recebeu esse nome devido ao cabo cilíndrico e ao pomo circular. A lâmina rígida podia penetrar na cota de malha, afastando os elos, mas não perfurava a armadura de placas. Podia ser enfiada em alguma brecha da armadura, como as fendas da viseira do elmo, caso seu usuário estivesse caído ou incapacitado. Com peso do corpo, o vigor do golpe ou marteladas no punho da arma com um objeto pesado, sua lâmina estreita penetrava nas frestas da armadura. Muitos cavaleiros morreram assim; puxados da montaria ou derrubados por um ferimento grave, eram eliminados com uma adaga enfiada por uma fenda da armadura ou trabalhosamente inserida por uma das aberturas da viseira.

A misericórdia era uma arma semelhante, com função quase idêntica, mas sem o grande pomo circular do cabo e de formato esteticamente mais agradável. Costumava ter uma lâmina sem fio, de seção triangular. Chamava-se "misericórdia" pelo golpe final desferido num cavaleiro gravemente ferido, mas era eficaz tanto para matar inimigos quanto para dar fim ao sofrimento de aliados.

Essas duas adagas eram usadas como arma pessoal por cavaleiros e desenvolveram-se várias técnicas de ataque e defesa para seu emprego. Toda tentativa de usar facas em combates com armadura teria de envolver luta corpo a corpo, que fazia parte do treinamento dos cavaleiros. As mesmas técnicas eram usadas como defesa contra tentativas de homicídio quando o cavaleiro não estava de armadura, com uma dessas armas especializadas ou com outro tipo de faca mais humilde.

No centro: Muitos cavaleiros foram mortos com adagas e não com espadas nem achas de armas, embora em geral se empregassem armas mais potentes para deixá-los em posição vulnerável. Contra armaduras, lâminas curtas e rígidas eram mais eficazes do que muitas outras armas.

não houvesse muito a documentar nessa luta. Sem a possibilidade de nenhuma manobra inteligente e nenhuma vantagem real para os dois lados, a batalha de Mortimer's Cross foi, mais provavelmente, um empate arrastado em que a vitória foi para o lado com mais resistência.

Estes foram os yorkistas de Eduardo, cuja experiência maior lhes deu resiliência diante dos fortes ataques lancastrianos. A força lancastriana foi rechaçada com baixas desconhecidas, e vários nobres, inclusive Sir Owen Tudor, foram capturados e executados. Depois disso, Eduardo marchou para Londres. Nesse ínterim, Warwick foi derrotado em St. Albans, mas conseguiu unir forças com Eduardo e entrar em Londres.

A coroação e a batalha de Towton
Eduardo foi coroado Eduardo IV da Inglaterra em 4 de março de 1461. Nessa época, Henrique VI ainda estava vivo, mas os que tinham se oposto à usurpação do trono por Ricardo de York, pai de Eduardo, se calaram. Na verdade, Warwick, o principal oponente da usurpação, foi agora o arquiteto da coroação de Eduardo.

Mas houve pouco tempo para comemorações. O exército lancastriano estava enfraquecido depois que seu contingente escocês voltou para casa, e lhe faltava apoio geral. Em parte, isso se devia à incapacidade de uma força comandada pelo rei Henrique entrar na cidade que, naquela época, ainda era sua capital. Com as forças lancastrianas militarmente fracas e com pouco apoio popular, surgia para Eduardo a oportunidade de esmagá-las de uma vez por todas.

Eduardo IV comandou seu exército rumo ao norte até onde a hoste lancastriana acampara em Towton, perto de Tadcaster, no Yorkshire. A princípio, tudo correu bem;

Abaixo: Para se proteger, o exército lancastriano se posicionou em terreno elevado acima do Rio Cock, atrás de uma depressão no solo. O choque resultou em quase trinta mil baixas.

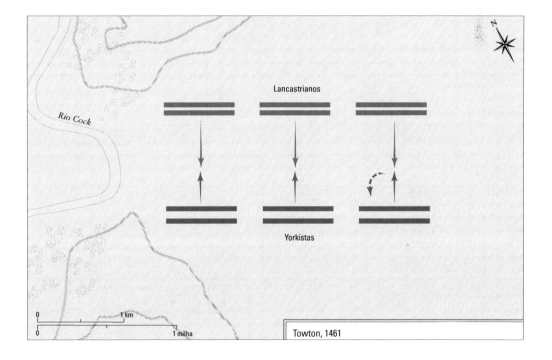

118 A GUERRA DAS ROSAS

os guardas avançados de Eduardo conseguiram ocupar a ponte sobre o Rio Aire, em Ferrybridge, depois de pegar a guarnição de surpresa. Então, por sua vez, eles foram surpreendidos por uma força comandada por lorde Clifford e expulsos de Towton. Com a ponte ocupada contra ele, Eduardo poderia ter enfrentado dificuldades, mas outros elementos de suas tropas conseguiram atravessar o rio em outro local e flanquear os soldados de lorde Clifford. Este não teve opção senão recuar e permitir que o principal exército yorkista atravessasse, e foi

> "Em 29 de março, Eduardo encontrou os lancastrianos reunidos em terreno elevado, com uma depressão à frente que dificultava o ataque."

perseguido por seus elementos avançados. Clifford foi forçado a lutar e morreu na derrota subsequente.

Em seguida, o exército de Eduardo avançou para a principal posição lancastriana, que era forte e, aparentemente, bem escolhida. Em 29 de março, Eduardo encontrou os lancastrianos reunidos em terreno elevado, com uma depressão à frente, tornando o ataque mais difícil. Eles também tinham vantagem numérica — geralmente estimada em sessenta mil homens contra os cinquenta mil yorkistas —, mas foram atrapalhados

À esquerda: Essa representação da batalha de Towton inclui muitas ferramentas da guerra medieval: a espada montante, a maça, a adaga e a lança estão todas em mãos de cavaleiros. A bisarma, nas mãos de um infante mais humilde, também aparece.

por uma nevasca que soprava contra eles, vinda da mesma direção que Eduardo.

Este comandou seu exército pessoalmente, auxiliado por Warwick e seu respeitado tio lorde Fauconberg. Já Henrique VI e a esposa Margarida de Anjou estavam em York na época, e o exército lancastriano travou a maior batalha da guerra sob o comando de Henrique Beaufort, duque de Somerset, e Sir Andrew Trollope.

Embora nem todos os seus soldados estivessem em posição, Eduardo iniciou o ataque da maneira usual, com os arqueiros, que tinham uma vantagem nítida: atiravam a favor do vento, e às vezes os lancastrianos não conseguiam ver os adversários para atirar de volta. Mesmo quando conseguiam, a neve e o vento forte tornavam seus tiros menos eficazes. Incapaz de tolerar essa situação indefinidamente, a força lancastriana começou a avançar, atrapalhada pela depressão que fora escolhida para auxiliar na defesa. O ataque foi mal coordenado, principalmente devido às condições climáticas difíceis e ao terreno acidentado, e realizado sob flechas até as linhas se aproximarem. Em seguida, os arqueiros yorkistas saíram do caminho e começou o choque de infantaria.

Embora até então a situação não fosse boa para a força lancastriana, era dela a vantagem numérica; quando o combate

Abaixo: O uso hábil dos arqueiros contribuiu bastante para a vitória yorkista em Towton, embora o resultado tenha sido duvidoso até o terceiro batalhão yorkista entrar em combate. Seu ataque de flanco rompeu o exército lancastriano e provocou a derrota.

corpo a corpo começou, o resultado ficou duvidoso. A linha yorkista corria risco grave, e o rei Eduardo reuniu pessoalmente os que estavam por perto. O jovem rei era um personagem alto e imponente que oferecia o tipo de liderança heroica que era de se esperar na época. Eduardo conseguiu manter seu exército unido durante um longo período de luta corpo a corpo. Pesquisas modernas indicam que o combate durou cerca de três horas até que chegasse o restante dos soldados de Eduardo, comandados pelo duque de Norfolk, para atacar o flanco lancastriano. Isso decidiu a questão e, embora os lancastrianos lutassem teimosamente por algum tempo, aos poucos sua linha começou a se desfazer.

A fuga do campo de batalha foi difícil para a força lancastriana derrotada. Muitos tentaram atravessar o Rio Cock num vau estreito e criaram um engarrafamento que imobilizou parte significativa dos soldados. Outros foram pegos quando tentaram fugir diante dos soldados bem menos cansados

À direita: Maior batalha travada na Inglaterra, a de Towton é homenageada por um monumento chamado Cruz de Lorde Dacre, posicionado onde ficava a linha lancastriana no começo da luta.

sob o comando de Norfolk, ou quando pontes desmoronaram porque homens demais tentaram atravessá-las.

Algumas fontes afirmam que até cinquenta mil homens morreram em Towton. Outros calculam as baixas em oito mil yorkistas e vinte e cinco mil lancastrianos. Dado o tamanho costumeiro dos exércitos da época, esse nível de baixas é impressionante, e mais aumentado ainda pela ordem de não dar quartel. Na verdade, nessa época a natureza do conflito era tal que alguns nobres e cavaleiros eram procurados especificamente para serem executados.

A vitória em Towton deu a Eduardo IV o controle mais ou menos completo da Inglaterra. Henrique ainda vivia, mas fugira com a esposa para a Escócia, onde se reuniram os líderes lancastrianos sobreviventes. Muitos lancastrianos importantes tinham mor-

À esquerda: Muitas baixas lancastrianas em Towton ocorreram quando o exército desorganizado tentou fugir. No esforço para atravessar o rio Cock, os soldados lancastrianos não foram poupados pelos inimigos vitoriosos.

a maioria deles já morrera em combate. Alguns sobreviventes que se recusaram a aceitar a supremacia de Eduardo foram condenados como traidores, mas mesmo assim ele se dispôs a perdoar os que concordaram em se submeter.

Várias fortalezas pró-Lancaster continuaram a existir mesmo depois dessa derrota esmagadora. As principais possessões dos Percy em Alnwick e outros castelos no norte da Inglaterra continuaram rebeldes, embora suas guarnições pouco pudessem fazer

Abaixo: Um crânio encontrado no campo de batalha de Towton mostra o ferimento causado por um golpe descendente diagonal, provavelmente de uma espada. Esse guerreiro estava de frente para o adversário; muitos que morreram naquele dia não estavam.

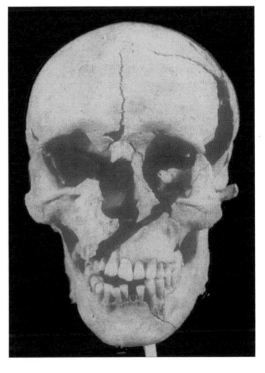

rido em combate, limitando a facção a ponto de sua recuperação parecer improvável. No entanto, o conflito ainda não acabara; Eduardo precisava consolidar o domínio do reino em termos políticos e militares.

Depois de Towton

As ações de Eduardo depois da batalha de Towton foram menos selvagens do que as de muitos líderes da época. Embora lancastrianos fossem proscritos em grande número,

além de resistir passivamente à dominação yorkista do país. Henrique VI e seus principais partidários continuaram a campanha o melhor que podiam com recursos limitados. Entre eles estava Henrique Beaufort, duque de Somerset, que foi à França buscar ajuda para a causa lancastriana e voltou para comandar a resistência da melhor maneira possível. Capturado em 1462, talvez esperasse ser executado, mas foi perdoado e lhe ofereceram o cargo de assessor militar do rei Eduardo. Esse foi um de vários passos de Eduardo para se reconciliar com ex-inimigos, embora neste caso não desse certo. Aparentemente, Somerset prestou bons serviços à Coroa em 1462 e 1463; então, de repente, foi para o norte da Inglaterra e deu início a uma rebelião contra Eduardo. Em 25 de abril de 1464, aconteceu a batalha de Hedgeley Moor, em que uma força comandada por John Neville, lorde Montagu, se chocou com um exército aproximadamente do mes-

mo tamanho sob o comando do duque de Somerset. Montagu estava a caminho da Escócia para negociar quando encontrou a outra força. As alas lancastrianas se desfizeram, e o centro foi cercado e, em seguida, esmagado. No entanto, Somerset e parte da força lancastriana conseguiram escapar e chegar a Hexham. Então, Montagu continuou rumo ao norte para cumprir sua missão.

A melhora das relações entre a Escócia e a Inglaterra seria um desastre para a causa lancastriana e privaria seus líderes de um porto seguro e uma fonte de soldados. Eles poderiam até ser entregues em troca de concessões e, provavelmente, teriam de fugir por

Abaixo: O castelo de Alnwick foi uma das poucas grandes fortificações a se manterem rebeldes depois da derrota lancastriana em Towton. A família Percy continuou a se opor ao governo de Eduardo IV, mas a causa lancastriana estava fragmentada e muito enfraquecida.

PROTEÇÃO DA CABEÇA

A CABEÇA ERA uma das partes mais importantes do corpo a receber proteção, e também uma das mais difíceis de blindar. A maioria das áreas do corpo era capaz de absorver certo impacto sem muitos danos, e seria possível sobreviver a golpes que não penetrassem. No entanto, o choque transmitido pela armadura ainda podia derrubar e mesmo matar um homem de armas. A proteção da cabeça tinha de fazer mais do que impedir a penetração; também precisava dispersar a energia para que a cabeça e o pescoço do usuário não fossem submetidos a forças enormes.

Numerosos projetos de proteção da cabeça se desenvolveram na época medieval. O grande elmo em forma de balde cobria completamente a cabeça e oferecia boa proteção em todos os lados, mas às custas da visibilidade e da facilidade de respirar.

A visibilidade limitada não era um problema tão grande para quem estivesse acostumado a usar um elmo restritivo; com a prática, os sentidos se adaptavam ao campo estreito. No entanto, isso reduzia a percepção da situação tática mais ampla. O mais grave era parte da respiração ficar presa dentro do elmo, forçando o usuário a respirar pouco oxigênio. Somado ao esforço de lutar com armadura pesada, isso podia ser fatigante. Sabe-se que alguns homens de armas removiam o grande elmo durante o combate; confiavam no elmo mais leve usado por baixo para aumentar a proteção do grande elmo e torciam para que fosse suficiente quando usado por si só.

Essa foi a origem do bacinete, que evoluiu para um elmo completo. Os primeiros bacinetes tinham um avental de cota de malha para proteger o pescoço; versões posteriores também tinham um gorjal. O bacinete tinha uma viseira articulada que podia ser erguida para ver ou respirar melhor. A prática de erguer a viseira ao se aproximar de um superior acabou se transformando na moderna continência militar.

Alguns homens de armas preferiam tirar a viseira do bacinete e compensar o aumento da vulnerabilidade com a capacidade de respirar mais livremente. Era uma troca complexa; um golpe ou uma flecha perdida podiam atingir o rosto sem blindagem, mas no lado positivo o cavaleiro se cansaria menos e seria capaz de combater por muito mais tempo, o que, por sua vez, tornava menos provável que recebesse um golpe decisivo.

Aos poucos, o bacinete foi substituído pelo sallet, ou salade, que continuou a se desenvolver em termos de força e formato para desviar golpes. O sallet inglês costumava ser usado com um grande gorjal chamado bevor, cujo formato desviava os golpes para longe da garganta. A alta nobreza tendia a usar o melhor equipamento e as melhores armaduras, mas cavaleiros menores podiam usar elmos de projeto muito mais antigo.

À esquerda: Um bacinete projetado para desviar golpes vindos da maioria dos ângulos. A curiosa viseira pontuda foi desenvolvida para proteger de flechas e golpes de lança, fazendo-os deslizar em vez de penetrar numa fenda ou furo de respiração.

mar. A única saída era obter vitórias sempre que possível, na esperança de reacender o apoio à causa lancastriana na Inglaterra.

Eduardo IV marchou para o norte para esmagar esse possível levante, mas, em 15 de maio, lorde Montagu chegou à principal força lancastriana, acampada em Hexham. Os exércitos se enfrentaram; seu efetivo costu-

> "Montagu não era tão inclinado à misericórdia quanto Eduardo, e ordenou a execução de comandantes lancastrianos."

ma ser estimado entre três e cinco mil homens de cada lado, e os yorkistas estavam em terreno mais alto. Quando começaram a avançar, parte do exército lancastriano se apavorou e fugiu. Isso deixou os remanescentes sem apoio e presos pelo rio. A carga yorkista lançou no rio alguns adversários. Outros foram cercados e forçados a se render. Montagu não era tão inclinado à misericórdia quanto Eduardo e ordenou a execução de comandantes lancastrianos. Entre eles estava Henrique Beaufort, duque de Somerset, embora, mais uma vez, Henrique VI não estivesse presente na derrota.

O hábito infeliz de Henrique de enlouquecer nas batalhas e se deixar capturar pode ter forçado seus partidários a mantê--lo a salvo e a distância.

Também havia o fato de que não era muito bom em combate. Isso era um problema numa época em que se esperava que o nobre de posição mais elevada comandasse o exército em combate e oferecesse liderança heroica, tarefas para as quais Henrique não tinha talento. Mantê-lo longe permitia que seus partidários deixassem a salvo seu suposto líder e, ao mesmo tempo, pusessem no comando um general experiente e habilidoso, embora em Hexham isso pouco lhes valesse.

A perda de seus principais comandantes forçou Henrique VI a assumir um papel direto nas operações

À esquerda: Uma incursão na Inglaterra de Margarida de Anjou, que se refugiara na Escócia, reuniu partidários lancastrianos. Entre eles estava a família Percy e o duque de Somerset, que se passou para a causa yorkista durante algum tempo. Ralph Percy foi morto em Hedgeley Moor. A Cruz de Percy fica perto do local da batalha.

MARGARIDA DE ANJOU

Margarida de Anjou nasceu em 1430. Sua família, a casa de Valois-Anjou, era aparentada com os reis franceses e também tinha pretensão às coroas de Nápoles, Sicília e Jerusalém. Embora os vínculos com o trono francês fossem por um ramo cadete, isto é, de um filho mais novo e não de sucessão direita, as ligações da família de Margarida eram suficientes para torná-la desejável como candidata a noiva.

O casamento de Margarida de Anjou com Henrique VI da Inglaterra foi arranjado por William de la Pole, duque de Suffolk, como uma das várias medidas para reduzir a tensão entre a Inglaterra e a França. As negociações que cercaram o casamento foram longas e complexas e envolveram a cessão pela Inglaterra de território à França. Quando a notícia circulou, isso tornou Suffolk extremamente impopular e provocou críticas acirradas de nobres ingleses que acreditavam que a guerra, não a conciliação, seria a postura correta perante os franceses.

Embora bonita e inteligente, Margarida de Anjou também era resoluta e corrosiva. Não dava importância às sensibilidades da nobreza e pouco fazia para adoçar o azedume de suas ordens. No entanto, tinha a mesma paixão do marido pela erudição. Como ele era um homem gentil e influenciável e ela, uma mulher impositiva e determinada, não surpreende que Margarida de Anjou se tornasse muitíssimo influente na corte. O matrimônio real ocorreu em 23 de abril de 1445 e, em 28 de maio, Margarida chegou a Londres com grande pompa. Foi coroada em Westminster dois dias depois e, a partir daí, sua influência só fez crescer. O declínio e a morte subsequente de Suffolk em 1450 permitiram que Margarida se destacasse na política da corte, e o nascimento de seu filho em 1450 firmou sua posição.

Margarida de Anjou era adversária convicta da facção yorkista na política e, mais tarde, no conflito declarado. Ressentia-se do protetorado de York durante a doença do marido e fez intrigas contra ele, mesmo enquanto estava afastada para cuidar do rei. Foi Margarida a instigadora do grande conselho de 1455 que provocou a primeira batalha de St. Albans; ela assumiu cada vez mais o papel de líder da facção lancastriana. Embora não fosse comandante em campanha, era dela a força de vontade por trás de muitas

À esquerda: Inteligente, bonita e um tanto arrogante, Margarida de Anjou era tudo o que seu desafortunado marido não era. Vinha dela a força motriz da causa lancastriana; mesmo quando tudo parecia perdido, ela continuou a lutar, apesar de ser várias vezes expulsa da Inglaterra.

À esquerda: Aparentemente, Margarida de Anjou conseguia encontrar apoio aonde quer que fosse. Mesmo na fuga desesperada com o filho pequeno, conseguiu convencer ladrões e criminosos a ajudá-la a escapar para continuar a luta.

ações, principalmente as instigadas pelo marido.

É discutível até que ponto Henrique era um títere nas mãos da esposa. Sem dúvida, Margarida era bastante capaz de dirigir a facção lancastriana enquanto o marido estava enlouquecido, aprisionado ou ambos. Por outro lado, Henrique parecia incapaz de agir contra a vontade da mulher; depois da segunda batalha de St. Albans, em 1461, afirma-se que ele pediu misericórdia para os cavaleiros que o tinham protegido, mas seu pedido não foi aceito pela esposa vingativa. Margarida também era capaz de tomar decisões importantes. Ela concedeu a cidade de Berwick ao trono escocês em troca do apoio contra os yorkistas e, quando a tentativa não deu certo, fugiu para a França, mas nunca parou de trabalhar a favor do dia em que o filho subiria ao trono. Na corte francesa, ela se aliou, surpreendentemente, ao duque de Warwick, que estava insatisfeito com a facção yorkista. Os dois fizeram uma última tentativa de recuperar o trono da Inglaterra, mas foram derrotados em 1471.

Capturada depois da batalha de Tewkesbury, Margarida de Anjou foi bem tratada e passou parte do cativeiro sob a custódia da duquesa de Suffolk, uma das primeiras amigas que fez quando chegou à Inglaterra em 1445. Acabou sendo resgatada em 1475 e aposentou-se com uma pensão oferecida pelo rei francês, embora, em troca, cedesse seu direito à herança de Anjou às muitas pretensões estrangeiras do pai.

Margarida de Anjou morreu em 1482 e sobreviveu com folga ao filho e ao marido. Numa época de traições e alianças movediças, nunca vacilou em suas posições, embora essa obstinação talvez não lhe tenha sido favorável. Corrosiva e imperiosa, não se dispunha a ceder nem negociar, o que contribuiu para o tudo ou nada que acabou provocando seu declínio e o falecimento do marido e do filho.

Acima: Mesmo sem os surtos de loucura, Henrique VI era simplesmente bondoso demais para ser rei. Faltava-lhe a determinação necessária para impor sua vontade sobre a corte, mesmo que esta lhe fosse favorável; sentia-se completamente perdido na política selvagem da Idade Média.

contra os yorkistas, o que, em 1465, levou à sua captura em Clitheroe. Mais uma vez, ele se tornou prisioneiro dos yorkistas, mas não foi executado. Uma das possíveis razões era que, enquanto vivesse, qualquer conspiração para restaurar no trono a casa de Lancaster se formaria em torno dele, obrigando os conspiradores a lidar com sua inépcia e loucura. Do mesmo modo, se uma conspiração se formasse seria em torno de alguém já sob a custódia de Eduardo IV, e não de um indivíduo à solta e livre para obter apoio.

Também é possível que Eduardo, mais inclinado ao perdão do que muitos contemporâneos, considerasse Henrique inofensivo. Henrique era um homem genuinamente bondoso e gentil, mais adequado para a vida acadêmica ou a igreja do que para o comando. É bem possível que Eduardo não quisesse destruí-lo, a menos que as circunstâncias o obrigassem. Na verdade, Henrique VI pode ter sido mais feliz como prisioneiro real do que como comandante de uma nação em guerra consigo mesma.

Provavelmente, seus surtos de loucura eram provocados pelo estresse e pelo choque das más notícias, nenhum dos dois escassos. Como prisioneiro, Henrique ficava privado da liberdade e do controle do próprio destino, mas podia ler, rezar e viver livre do fardo de um cargo para o qual estava totalmente despreparado.

Parecia que Eduardo vencera a Guerra das Rosas. Seus inimigos tinham sido esmagados, o antigo rei estava de volta sob sua custódia e uma paz relativa se instalara na Inglaterra. Mas nem tudo ia bem. Margarida de Anjou, sua inimiga mais obstinada, ainda estava livre e conspirava contra ele, e as divisões entre antigos aliados logo resultariam numa nova rodada de conflitos.

Abaixo: Com armas e armadura, Henrique VI parecia um governante marcial, mas não sabia agir assim. Esperava-se que, além de governar, o rei comandasse, tomasse decisões ousadas e as implementasse com violência.

6
O PRIMEIRO REINADO DE EDUARDO IV

O início do reinado de Eduardo IV se caracterizou por revoltas lancastrianas, apesar de sua tentativa de conciliar o reino conquistando antigos inimigos. Eduardo percebeu que, se o conflito continuasse da mesma maneira, só poderia terminar com uma facção reduzida à impotência.

"Eles não estariam seguros caso, por alguma razão, perdessem o favor real."

No começo da década de 1460, os yorkistas pareciam em condições de conseguir isso, se assim quisessem. Eles controlavam a maior parte do país e, pelo menos por algum tempo, mantiveram cativo o ex-rei Henrique VI. Em termos militares, os lancastrianos tinham se reduzido a beliscar as orlas do poder yorkista com pequenos ataques e insurreições. Ainda havia muito apoio à sua causa, mas os nobres que já não tivessem se declarado abertamente do lado lancastriano (e muitos deles já tinham, mas puderam se submeter a Eduardo) preferiram se manter discretos e esperar uma oportunidade de agir.

Portanto, a única oposição ativa ao reinado de Eduardo veio do núcleo de partidários lancastrianos que seguiam Margarida de Anjou e seu filho Eduardo. Margarida evitou a captura em 1460 depois da batalha de Northampton; fugiu para Harlech e, em seguida, para a Escócia, onde obteve ajuda para sua causa. O preço foi ceder Berwick à Coroa escocesa. A princípio, Margarida não acompanhou o exército lancastriano e

Eduardo IV era jovem quando assumiu o trono. Alto e de boa aparência, seus modos o tornavam muito estimado por todos, o que era uma grande vantagem. Seu escudo real (acima) incluía os emblemas da Inglaterra e da França.

Acima: Em 1462, Margarida de Anjou tentou levar um exército da França para a Inglaterra. A frota foi atingida por uma tempestade que a forçou a desembarcar em Berwick. Apesar desse revés, ela continuou a se opor como fosse possível ao reinado de Eduardo.

perdeu a vitória de Wakefield, em dezembro de 1460, em que o duque de York foi morto. Ela se reuniu ao exército a tempo da segunda batalha de St. Albans, em fevereiro de 1461, e foi responsável por insistir que os cativos yorkistas fossem executados. Depois da derrota lancastriana em Towton, em março daquele ano, Margarida, Henrique e o filho Eduardo de Westminster foram forçados, mais uma vez, a se exilar na Escócia.

> "Na primeira metade da década de 1460, os yorkistas consolidaram seu controle da Inglaterra, mas não destruíram completamente a facção lancastriana."

A causa lancastriana não estava extinta nesse momento. Havia muitos que voltariam a se levantar caso vissem uma probabilidade realista de sucesso, mas, enquanto os yorkistas sufocavam revoltas e rechaçavam incursões vindas da Escócia, era óbvio que ainda não era hora. Novas tentativas de recomeçar a ofensiva fracassaram; Margarida obteve algum apoio francês para um ataque a Northumberland em outubro de 1461, com sucesso modesto, mas sua frota de apoio foi vítima do mau tempo e ela quase morreu.

Em agosto de 1463, Margarida de Anjou não podia fazer mais nada na Inglaterra. Os pequenos ataques lancastrianos continuaram, mas pouco conseguiram além de fazê-la correr perigo. Depois de uma série de fugas por um triz, ela foi para a França e encontrou segurança para o filho na corte do pai, Renato de Anjou. Isso a tirou do conflito durante um período que coincidiu com a máxima fraqueza da causa lancastriana.

Se optasse por esmagar completamente os adversários em seu momento de fraqueza, talvez Eduardo tivesse conseguido. Mas isso poderia criar novos problemas. A nobreza remanescente talvez receasse um rei que eliminasse toda a oposição e temesse que, quando seu poder se tornasse ilimitado, os próprios nobres não estivessem a salvo caso perdessem o favor real por alguma razão. Eduardo talvez também acreditasse genuinamente que era possível sanar as dissensões que dividiam a Inglaterra oferecendo a reconciliação a quem a desejasse.

Portanto, na primeira metade da década de 1460 os yorkistas consolidaram seu controle da Inglaterra, mas não destruíram completamente a facção lancastriana. Ricardo Neville, conde de Warwick, e seu irmão João Neville, marquês de Montagu, foram providenciais na restauração da ordem no reino e na prevenção da ressurgência lancastriana. Eles também orientavam o jovem rei Eduardo; em essência os Neville governavam a Inglaterra.

Eduardo fez algumas rondas reais pelo reino nessa época, cumprindo uma importante função política e administrativa, enquanto os Neville defendiam sua causa militarmente. Essa era uma parte importantíssima dos deveres do rei e ajudou a restaurar a confiança de que a estabilidade voltaria. Eduardo participou de alguns combates, mas estava ocupado com questões de Estado na época da batalha de Hexham que, mais ou menos, deu fim à ameaça lancastriana a seu governo. É provável que fosse esse o caminho correto para encerrar o conflito. O jovem rei já vira combates suficientes e já se saíra suficientemente bem para que ninguém questionasse sua coragem nem seu talento de guerreiro. Portanto,

Abaixo: Além de algumas ocasiões necessárias, Eduardo IV se dispôs a deixar as questões militares a cargo de seus comandantes e se dedicou à administração do reino. Depois de anos de guerra civil, havia muito a fazer para conseguir a estabilidade.

não havia necessidade real de se arriscar em combate quando outros poderiam comandar o exército com a mesma competência; a morte de Eduardo em alguma escaramuça poderia desfazer todo o trabalho realizado até então. Por outro lado, Eduardo podia cumprir funções que os Neville não poderiam; afinal de contas, havia apenas um só rei. A Inglaterra precisava ser lembrada disso para que nobres insatisfeitos ou ambiciosos não se recordassem de que Henrique VI ainda estava vivo e começassem a conspirar para apoiá-lo.

> "Warwick buscava boas relações com a França e, em segredo, negociava o casamento de Eduardo com Ana da França, filha do rei Luís XI."

Conflito com Warwick

Se Warwick tivesse se confinado às atividades de comandante guerreiro e deixasse os assuntos de Estado a cargo de Eduardo, a realidade seria outra. No entanto, ele obedecia a uma pauta própria que incluía ditar a política externa da Inglaterra. Warwick buscava boas relações com a França e, em segredo, negociava o casamento de Eduardo com Ana da França, filha do rei Luís XI. Embora ainda menina na época, ela era uma pretendente desejável cujo noivado com o rei inglês geraria uma aliança poderosa e, esperava-se, daria fim ao apoio francês à causa lancastriana. A busca dessa aliança por Warwick era uma usurpação dos poderes de Eduardo como rei e estava muito além do poder de qualquer nobre sem autorização expressa da Coroa.

No entanto, Warwick era tão poderoso na época que se sentia capaz de fazer o que quisesse, inclusive determinar a política internacional e organizar casamentos dinásticos. Suas ações despóticas o puseram

À direita: Warwick preferia a aliança com a França, cimentada com o casamento de Eduardo IV com Ana da França. O fato de Eduardo ter atrapalhado esse plano foi uma das principais fontes da desavença entre os dois.

Acima: Elizabeth Woodville chamou a atenção de Eduardo IV quando lhe pleiteou que restaurasse a herança de seus filhos. Politicamente, Eduardo tinha pouco a ganhar com o casamento, mas os Woodville ganharam muitíssimo.

em conflito com Eduardo, que tinha planos próprios. Eduardo preferia a aliança com a Borgonha, que tinha disputas antigas com a Coroa francesa, à relação íntima com a França; cada vez mais, ele exercia sua vontade em vez de simplesmente seguir os conselhos dos Neville.

Numa área importantíssima, os planos de Eduardo divergiam dos planos de seus partidários mais poderosos. Em segredo, ele organizava seu casamento com Elizabeth Woodville, filha de Ricardo Woodville. Ex-lancastriano ferrenho, Woodville fora promovido a barão em 1448 por serviços prestados a Henrique VI. Já barão Rivers, ele lutou por Henrique e foi capturado em 1459, quando tentava defender Sandwich contra a expedição de Warwick. Rivers aceitou a oportunidade de reconciliação oferecida por Eduardo e se uniu à sua causa. É provável que Warwick não sentisse nenhuma animosidade específica contra ele apesar de choques anteriores, mas o casamento secreto de Elizabeth, filha de Rivers, com o rei

Eduardo IV em 1º de maio de 1464 foi uma causa potencialmente grave de divisão. Warwick vinha prometendo ao rei da França um casamento dinástico com a Inglaterra por meio de Eduardo, que, com esse ato, saiu de repente do mercado matrimonial.

Já se sugeriu que Eduardo buscava fazer amigos entre os lancastrianos e seus ex-partidários casando-se com a filha de um de seus principais comandantes, mas é improvável. Elizabeth Woodville e sua família não eram ricas nem poderosas, e os contatos do barão Rivers com os lancastrianos não eram muito influentes. É mais provável que Eduardo tenha se casado por amor. O casamento foi mantido em segredo por algum tempo, e Elizabeth Woodville só foi coroada em maio de 1465. Nesse período, os Neville tinham vencido a batalha de Hexham e reduzido a quase nada o poder da facção lancastriana; logo depois, o rei Henrique foi capturado e aprisionado.

Em 1465, Elizabeth Woodville deu à luz uma filha, que também recebeu o nome de Elizabeth. Cecília Neville, mãe de Eduardo IV, não gostou do casamento e se ofendeu ainda mais com o nome da primeira neta. Como viúva de Ricardo de York e mãe do rei, ela foi a mulher mais importante do reino até o filho se casar. Talvez esperasse que a neta fosse batizada em sua homenagem, mas ele escolheu favorecer a nova esposa. Os Woodville subiram rapidamente em consequência do matrimônio real.

Em 1466, Rivers foi nomeado Tesoureiro e, pouco depois, promovido a conde. Outros membros da família receberam cargos importantes, e logo a corte caiu sob sua forte influência. Isso irritou Warwick, que antes mantivera boas relações com Elizabeth Woodville e sua família.

Os Woodville se opunham ao casamento de Jorge, duque de Clarence, com a filha de Warwick. Clarence era o irmão mais novo de Eduardo IV e, em 1462, fora nomeado Lugar-Tenente da Irlanda. Ele era muito ligado a Warwick e, de certo modo, mais fácil de controlar do que seu irmão Eduardo. Na verdade, quando a rixa entre Eduardo e Warwick se aprofundou num conflito declarado, Clarence ficou do lado do amigo contra o irmão. A oposição ao casamento aborreceu ainda mais Warwick, que, em certa época, alimentou a esperança de que a filha Isabel se casasse

> "Já se sugeriu que Eduardo buscava fazer amigos entre os lancastrianos e seus ex-partidários casando-se com a filha de um de seus principais comandantes."

Página ao lado: Elizabeth Woodville vinha de uma família renomada pela beleza e era considerada a mais bonita de todas. Sua grande família recebeu cargos de poder em torno de Eduardo V, provocando ressentimento entre os menos favorecidos.

Acima: Cecília Neville, mãe de Eduardo IV, ficou descontente com a noiva escolhida pelo filho e se ofendeu mais ainda quando a primeira neta não recebeu seu nome. O casamento de Eduardo ofuscou sua mãe e reduziu muito a influência dela na corte.

Acima: Parece que Jorge, duque de Clarence, era de natureza traidora. Ele traiu o irmão Eduardo na esperança de substituí-lo no trono e depois trocou de lado mais uma vez quando ficou claro que seus aliados pretendiam restaurar Henrique VI.

com Eduardo. Quando Elizabeth Woodville tornou isso impossível, Warwick decidiu se contentar com o parente masculino mais próximo do trono, mas seu plano também sofreu oposição dos Woodville. Em 1469, o casamento se realizou secretamente em Calais; por algum tempo, Clarence foi aliado fiel dos planos de Warwick.

Enquanto isso, as divergências entre Warwick e Eduardo IV se aprofundavam. Além de afastado de sua posição de imenso poder na corte, Warwick foi feito de bobo em 1467, quando o mandaram negociar um tratado com a França. Enquanto Warwick se dedicava à negociação — e, sem dúvida, tentava explicar ao descontente rei francês que sua promessa de um casamento dinástico fora atrapalhada por atos de um rei em cujo nome Warwick achava que podia falar —, Eduardo decidiu que a aliança mais valiosa seria com a Borgonha e não com a França.

O tratado de Eduardo com a Borgonha tornou sem sentido a negociação de Warwick com a França e o deixou na difícil posição de ter negociado deslealmente. Sem dúvida, ele considerou essa mudança de rumo uma afronta pessoal. Warwick partiu da capital, ficou algum tempo em suas propriedades e depois, em 1469, foi para Calais. Lá, depois do casamento de Clarence com Isabel, ele começou a campanha para recuperar o controle da Inglaterra.

> "Uma rebelião encabeçada por um homem conhecido como Robin de Redesdale começou em abril de 1469. A identidade exata de Robin de Redesdale é desconhecida."

Warwick invade a Inglaterra

Antes de partir da Inglaterra, Warwick provocou o máximo de dificuldade possível para Eduardo IV. Uma rebelião encabeçada por um homem conhecido como Robin de Redesdale começou em abril de 1469. A identidade exata de Robin de Redesdale é indefinida; ele já foi associado a dois membros da família Conyers, do norte da Inglaterra. Pode ter sido um personagem composto ou um títere inventado para atrair o

Página ao lado: Carlos, duque da Borgonha, estava em conflito com a França, cuja nobreza apoiava Margarida de Anjou contra Eduardo IV da Inglaterra. Bastou isso para Carlos ficar do lado de Eduardo depois que ele foi deposto por Warwick.

JORGE, DUQUE DE CLARENCE

Jorge Plantageneta nasceu em 1449. Segundo filho sobrevivente de Ricardo de York, foi herdeiro presuntivo do trono até que o irmão Eduardo tivesse um filho homem. Pouco depois da coroação do irmão, Jorge se tornou duque de Clarence e obteve condição social e riqueza apropriadas ao irmão do rei.

Clarence era ambicioso e, aparentemente, dado a traições. Aliou-se a Warwick e participou de uma conspiração para matar o próprio irmão. Enquanto Eduardo se ocupava sufocando uma rebelião em Lincolnshire, o irmão e o conde de Warwick pretendiam atacar sua força com um exército que, ostensivamente, tinham formado para ajudá-lo. Provavelmente pretendiam matar também as testemunhas da traição; boatos vindos de plebeus podiam ser ignorados, mas nobres que vissem Clarence e Warwick se voltarem contra o rei teriam de ser silenciados.

A conspiração foi descoberta, o que forçou Clarence e Warwick a fugir, mas eles logo retornaram à Inglaterra e depuseram Eduardo IV. Isso criou dissensão entre Clarence, que esperava ocupar o trono, e Warwick, que libertou Henrique VI do cativeiro e o usou como títere.

Clarence se acalmou um pouco com o acordo de que herdaria a coroa depois de Henrique, mas com o retorno de Eduardo IV à Inglaterra Clarence mudou de lado outra vez e se aliou ao irmão. Talvez não passasse de autopreservação, mas Clarence realmente lutou contra Warwick e se beneficiou bastante de sua derrota.

Casado com a filha de Warwick, Clarence pôde reivindicar seus títulos e propriedades, mas em 1474 entrou em feroz disputa com

À esquerda: O casamento de Isabel Neville e Jorge, duque de Clarence, recebeu a oposição da poderosa família Woodville, mas acabou realizado em segredo em 1469. Toda censura que se seguisse seria irrelevante; Clarence tramava ativamente contra o irmão.

Ricardo, duque de Gloucester, seu irmão caçula. Este planejava se casar com a filha mais nova de Warwick, o que lhe daria direito a parte das propriedades. Clarence se opôs com tanto vigor que seu irmão mais velho, o rei, teve de intervir.

Isabel Neville, esposa de Clarence, morreu em 1476. Clarence acusou uma de suas damas de honra de envenená-la e usou seu poder para assegurar que fosse condenada e executada. Esse foi um dos muitos abusos de poder cometidos por Clarence, o que provocou suspeitas de que estaria conspirando para tomar o trono. Como já tentara assassinar o irmão e tomar a coroa uma vez, não era insensato supor que tentasse de novo.

Clarence tentou se casar com Maria, duquesa da Borgonha, a quem tinha sido proposto como possível marido vários anos antes. A proposta foi vetada pelo rei Eduardo e, logo depois, Clarence se retirou para suas propriedades. Aparentemente, começou a conspirar para usurpar o trono: recebeu juramentos de lealdade de possíveis partidários e tomou providências para formar um exército. As acusações contra ele foram tais que Eduardo IV assumiu em pessoa o processo contra o irmão.

Traição e tentativa de regicídio eram sempre abomináveis para a Coroa, mas, cometidas por um irmão, eram ainda mais ofensivas para Eduardo. Em janeiro de 1478, Clarence foi julgado e proscrito. Diz a lenda que Clarence (presumivelmente como cortesia à condição de irmão do rei) pôde escolher o método de sua execução. Ele preferiu ser afogado num barril de vinho Malvásia; é de supor que fosse a opção menos horrível ou degradante.

À direita: Depois de escapar de represálias pela traição anterior, Jorge de Clarence acabou condenado à morte em 1478. Diz a lenda popular que lhe ofereceram opções de execução e que ele escolheu o afogamento em vinho Malvásia. As outras opções não foram registradas.

apoio popular a um líder idealizado, mas, de qualquer modo, Robin não foi o verdadeiro instigador da rebelião.

A revolta foi fomentada por Warwick, e não surpreende que os rebeldes exigissem que o poder dos Woodville fosse reduzido na corte. Sua pauta pública obedecia a um tema já conhecido: eles afirmavam que só queriam remover maus conselheiros do rei e restaurar a boa governança. O manifesto dos rebeldes insinuava qual seria o possível resultado da situação ao observar que reis anteriores tinham caído por se cercarem de favoritos igualmente corruptos. O levante não era um bando improvisado de camponeses mal armados. Entre seus líderes havia vários membros da família Neville, embora, talvez de forma surpreendente, a rebelião tivesse a oposição de João Neville, conde de Northumberland, marquês de Montagu e irmão de Warwick. Na verdade, João Neville marchou contra um segundo levante encabeçado por Robert Hilyard, que se proclamava "Robin de Holderness". Esse outro Robin e seus seguidores queriam a restauração do antigo poder da família Percy, uma pauta diferente do levante de Warwick. Portanto, não é tão estranho assim que Montagu, embora fosse um Neville, se opusesse ao levante. Ele queria manter seu título de conde de Northumberland e estava disposto a lutar por ele. É digno de nota que ele derrotou a rebelião pró-Percy de Robin de Holderness e matou seu líder,

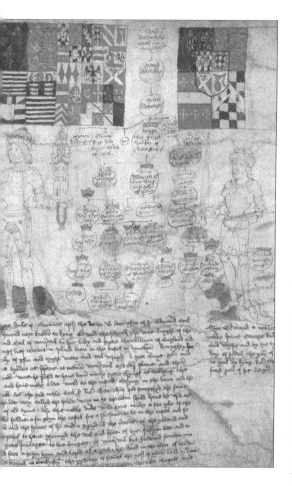

À esquerda: O pergaminho Rous registra as armas e as façanhas dos condes de Warwick e suas famílias. Foi criado por volta de 1483 por John Rous, que fez duas versões, uma em latim e a outra, em inglês.

> "Embora o plano de casar Henrique com a filha de William Herbert não desse frutos, Pembroke recebeu por algum tempo com a custódia do futuro rei."

mas não agiu contra o levante maior de Robin de Redesdale.

Em julho, Eduardo IV marchou para Nottingham para reagir aos movimentos rebeldes. No entanto, levava apenas uma pequena força de guarda-costas e precisou aguardar reforços convocados em outras regiões do país. Entre eles estava uma tropa do País de Gales comandada por Guilherme Herbert, conde de Pembroke, que tinha um longo e honrado histórico como guerreiro. Pembroke lutara por Henrique VI na França, mas entrara para a facção yorkista quando o país caiu na guerra civil. Lutou pelos yorkistas contra Jasper Tudor, titular anterior do condado de Pembroke, e continuou leal mesmo quando cortejado pela facção lancastriana. Em recompensa por seus serviços, Guilherme Herbert recebeu de Eduardo IV o condado de Pembroke e outros cargos elevados. Em 1468, Herbert sitiou no castelo de Harlech o conde de Pembroke seu antecessor e, com sua rendição, capturou o rapaz que, um dia, reinaria como Henrique VII. Embora o plano de casar Henrique com a filha de William Herbert não desse frutos, Pembroke recebeu por algum tempo a custódia do futuro rei. Pembroke era adversário de Warwick e desconfiava que este se correspondia em segredo com Margarida de Anjou, mas provavelmente não sabia quem estava por trás da rebelião no norte da Inglaterra. O que se sabia era que os rebeldes tinham declarado apoio a Henrique VI e marchavam para o sul. Pembroke formou um exército e se pôs a caminho para unir forças com o rei.

Quando Eduardo estava em Nottingham, Warwick desembarcou em Kent com soldados da guarnição de Calais. Essa força aumentou com os homens de Kent que se uniram ao estandarte de Warwick. Ele marchou para Londres sem oposição e ocupou a capital. Enquanto isso, os rebeldes se

O PRIMEIRO REINADO DE EDUARDO IV 147

Acima: Sir William Herbert, conde de Pembroke (visto aqui com Eduardo IV) era um competente comandante militar. Em 1468, ele tomou como cativos Jasper Tudor e seu sobrinho Henrique (Henrique VII) ao capturar o castelo de Harlech, mas foi executado em 1469, depois de derrotado por rebeldes lancastrianos.

deslocaram para isolar o rei Eduardo dos exércitos que marchavam em seu apoio. Eduardo recuou para Northampton na esperança de que seus lordes leais conseguissem encontrá-lo lá. Isso se mostrou impossível. Em 25 de julho, Pembroke, cuja força se compunha principalmente de lanceiros, se encontrou com outros soldados sob o comando do conde de Devon. Estes, em sua maioria, eram arqueiros, talvez até sete mil, o que daria aos partidários do rei a potência das armas combinadas. No entanto, Pembroke começou a discutir com o conde de Devon, que retirou sua força do comando

À esquerda: O castelo de Middleham era uma possessão importante da família Neville. Ricardo de Gloucester (Ricardo III) e Jorge de Clarence moraram nele algumas vezes e Eduardo IV ficou preso ali por algum tempo.

conjunto e se afastou, deixando Pembroke sozinho para enfrentar a força inimiga.

Os rebeldes desafiaram Pembroke e, perto de Edgecote, ofereceram combate, que ele aceitou sem aguardar a volta de Devon com seus arqueiros. A força de Pembroke sofreu

> "Exatamente o que se passou entre os dois não foi registrado, mas Eduardo soube que não seria executado nem deposto."

muito com os arqueiros rebeldes, aos quais pouco podia responder, mas conseguiu chegar ao combate corpo a corpo. A situação ficou empatada por algum tempo, e parece que Ricardo, irmão de Pembroke, armado com uma acha de armas, conseguiu romper a linha inimiga e voltar duas vezes no decorrer de uma luta prolongada. A chegada da guarda avançada de Warwick tornou a batalha inviável para a força de Pembroke. Ele foi capturado juntamente com seu irmão Ricardo; ambos foram decapitados em 27 de julho. Enquanto isso, o rei se apressava naquela direção com uma força reduzida, mas chegou tarde demais para conseguir alguma coisa.

Eduardo já retirara de seu séquito os Woodville, pois fora avisado de que sua presença reduzia o moral de uma tropa já frágil. A vitória de Warwick e seus rebeldes em Edgecote pôs para correr todos os partidários remanescentes de Eduardo, com exceção dos mais leais, e esses poucos eram insuficientes para proteger o rei. Ele foi capturado e levado até Warwick. Exatamente o que se passou entre os dois não foi registrado, mas Eduardo soube que não seria executado nem deposto. Continuaria rei da Inglaterra, mas de acordo com os termos de Warwick. Eduardo foi levado em cativeiro até Warwick, depois a Coventry e, finalmente, ao castelo de Middleham. Tecnicamente, nesse período Warwick tinha dois reis da Inglaterra presos sob seu controle. Ele usou esse tempo para reforçar sua posição e destruir seus inimigos.

Ascensão e queda de Warwick

Warwick usou esse período de controle total para eliminar seus inimigos, os Woodville. As propriedades de Ricardo Woodville, conde Rivers, tinham sido saqueadas em 1468 por rebeldes patrocinados por Warwick; depois da batalha de Edgecote, ele foi capturado no castelo de Chepstow e executado em Kenilworth juntamente com o filho João. Não houve simulação de legalidade em seu julgamento e subsequente execução; Warwick simplesmente ordenou que seus inimigos fossem mortos. Humphrey Stafford, conde de Devon, também foi executado, mas por ordem de Eduardo e não de Warwick. Devon foi responsabilizado pelo desastre de Edgecote, não sem certa razão; seus sete mil arqueiros teriam feito uma grande diferença. Ele foi capturado em Somerset e executado quase imediatamente em 17 de agosto de 1469.

Depois de assegurar sua posição de poder atrás do trono, Warwick libertou Eduardo para que voltasse a assumir seus deveres reais. É provável que Warwick achasse difícil governar o país sem um rei e, aparentemente, não se dispunha a depor Eduardo. A única opção seria trabalhar com ele e mantê-lo sob controle. Isso funcionara bastante bem no passado, antes que os Woodville ganhassem poder na corte, e se Warwick conseguisse vigiar Eduardo com atenção e evitar a repetição do incidente, continuaria praticamente a governar a Inglaterra por meio dele.

No caso, Warwick não vigiou Eduardo com atenção suficiente. Este conseguiu reafirmar seu poder e, no início de 1470, estava numa posição forte. Embora externamente as relações com Warwick e com o irmão Clarence fossem boas, estes dois continuavam a conspirar contra o rei. Incapaz de dobrar Eduardo à sua vontade, Warwick tentou substituí-lo pelo irmão mais flexível. É claro que isso significava que o rei Eduardo teria de ser eliminado. Uma oportunidade surgiu (ou foi criada) quando Eduardo formou e comandou um exército contra uma rebelião em Lincolnshire encabeçada por Sir Roberto Welles. Provavelmente Welles estava envolvido numa conspiração com Warwick; ele o confessou quando capturado, e possuía documentos incriminadores. Parece que Welles ficara insatisfeito com a nomeação de autoridades yorkistas em Lincolnshire e com a falta de resposta real às queixas contra suas ações. Welles também alegou que Eduardo IV estava perseguindo ex-rebeldes que perdoara depois da batalha de Edgecote. Fosse qual fosse a verdade, ele

Abaixo: O conde Rivers (que apresenta seu livro a Eduardo IV), inatacável quando Eduardo estava firme no trono, tornou-se vulnerável à conspiração de Warwick depois que prenderam o rei e foi executado sem julgamento.

EDUARDO DE WESTMINSTER, PRÍNCIPE DE GALES

TAMBÉM CHAMADO EDUARDO de Lancaster, Eduardo de Westminster nasceu em 13 de outubro de 1453. Foi o único filho de Margarida de Anjou e do marido Henrique VI. Seu nascimento tirou de Ricardo, duque de York, o posto de herdeiro presuntivo.

Eduardo cresceu numa época de grande conflito e incerteza, na qual possíveis pretendentes ao trono poderiam ser executados por precaução. As execuções eram uma política de Estado, tanto quanto a punição de crimes, e talvez não surpreenda que Eduardo passasse a apreciar, um pouco além da conta, a ideia de executar inimigos. A mãe era uma mulher vingativa, e ele passou a infância num clima de desconfiança crescente e conspiração constante.

Eduardo acompanhou a mãe durante a campanha lancastriana de 1460 e 1461, cujo sucesso inicial libertou seu pai do cativeiro yorkista, mas que acabou derrotada. Depois disso, ele se exilou com a mãe na França. Não se sabe o que Margarida disse ao filho sobre Henrique, mas o respeito de Eduardo pelo pai não pode ter sido grande. Boa parte de seu próprio infortúnio, como ter de viver no exílio em vez de gozar os privilégios de herdeiro real, cabia aos vários fracassos do pai em combate e a seu hábito lamentável de se deixar capturar.

Durante o exílio, Eduardo de Westminster tornou-se um rapaz imperioso e vingativo que acreditava claramente em seu direito de nascença. Acompanhou a mãe à Inglaterra em sua última tentativa de tomar o trono em aliança com o conde de Warwick. As forças de Warwick foram derrotadas em 14 de abril de 1471 na batalha de Barnet; depois disso, Eduardo IV e seu irmão Clarence comandaram o exército real contra os remanescentes liderados por Eduardo e pela mãe.

Em 4 de maio de 1471, a força de Eduardo enfrentou o exército real e foi decisivamente derrotada. Os relatos da morte de Eduardo variam. Alguns afirmam que ele foi levado até o rei Eduardo, que exigiu saber por que voltara à Inglaterra. Eduardo de Westminster manteve a postura rebelde e afirmou seu direito ao trono; nesse momento, o rei Eduardo ordenou que fosse sumariamente executado pelos cavaleiros de sua escolta.

Em outras versões, Eduardo de Westminster foi capturado por Clarence, que pouco tempo antes fora seu aliado contra o rei inglês. Clarence realizou um breve julgamento, quase certamente ilegal, e executou Eduardo por decapitação. Se essa versão dos fatos for verdadeira, seu fim não deve ter surpreendido o jovem Eduardo de Westminster; afinal de contas, decapitações eram seu tema preferido de conversa.

Acima: Eduardo de Westminster talvez fosse um produto do meio. A mãe se esforçou muito para assegurar que Eduardo não fosse tão ineficaz quanto o pai Henrique VI e, em última análise, conseguiu criar o menino muito mais à sua própria imagem.

O PRIMEIRO REINADO DE EDUARDO IV 151

Acima: A frota de Eduardo IV se compunha dos "navios redondos" da época. Mais adequados para o transporte de carga ou de grande quantidade de soldados, não eram navios de guerra propriamente ditos; o combate naval se caracterizava pelo uso de arqueiros e pelas ações de abordagem.

provocou uma rebelião de bom tamanho e atacou Gainsborough.

Em primeiro lugar, Eduardo IV convocou à corte o pai e o tio de Roberto Welles para exigir que essas ações fossem explicadas. Mais tarde, eles foram perdoados, mas mantidos presos enquanto Eduardo sufocava a rebelião. Nessa época, Eduardo recebeu de Warwick e do irmão Clarence garantias de que estavam convocando soldados para ajudá-lo. Parece que sua verdadeira intenção era atacar Eduardo enquanto ele estivesse combatendo os rebeldes, mas os fatos os impediram. Eduardo exigiu a rendição de Roberto Welles e de seu exército; como isso não aconteceu, mandou executar o pai e o tio de Welles. Então, em 12 de março de 1470, o exército real esmagou a rebelião em combate. A luta acabou depressa; muitos rebeldes fugiram quando atacados pelas forças de Eduardo, e seus comandantes foram capturados.

Welles confessou a cumplicidade com Warwick antes da execução, forçando Warwick e Clarence a fugir do país. Eles foram para a França, onde buscaram apoio para a tentativa de recuperar o controle da Inglaterra. Clarence ainda acreditava que Warwick o tornaria rei depois de depor Eduardo, como fora a intenção no último conluio, mas os planos estavam mudando.

Exílio e retorno de Warwick
Warwick se refugiou na corte de Luís XI. A França não via a Inglaterra com bons olhos, e atendia aos propósitos de seu rei fomentar problemas para Eduardo. Outro apoio veio da direção talvez improvável de Margarida de Anjou. Sua inimizade pela facção yorkista era muito profunda, e Warwick era um de seus principais líderes. Mas agora, afinal, suas metas se alinhavam: ambos queriam se livrar de Eduardo IV da Inglaterra.

Margarida de Anjou nunca desistira de ver o filho Eduardo no trono inglês. Suas tentativas de invadir a Inglaterra a partir da França pouco tinham conseguido além de deixá-la em risco pessoal; a partir de 1463, ela se dedicou a preparar o filho para a

> "Ele e a mãe estavam plenamente dispostos a retornar à Inglaterra e assumir o trono, tanto em nome de Henrique VI restaurado quanto do próprio Eduardo."

oportunidade que, sem dúvida, algum dia viria. Eduardo cresceu como um rapaz arrogante e até assustador, que aparentemente falava como se fosse rei e tinha obsessão por decapitar os outros. Foi criado à imagem de Margarida, mulher imperiosa e dominadora cuja vontade forte conduziu a facção lancastriana durante muitos anos. Ele e a mãe estavam plenamente dispostos a retornar à Inglaterra e assumir o trono, tanto em nome de Henrique VI restaurado quanto do próprio Eduardo.

Eduardo de Westminster, herdeiro do trono de Henrique VI, foi prometido a Ana Neville, filha de Warwick. Esse foi o símbolo de um acordo entre Luís XI, Margarida de Anjou e o conde. O apoio da França poria

Página ao lado: Warwick conhecia Luís XI da França e passou um bom tempo em sua corte tentando negociar um casamento dinástico para Eduardo IV. O colapso dessa possível aliança deixou Luís disposto a apoiar Warwick na deposição de Eduardo.

Acima: Nos últimos anos da Guerra das Rosas, a divisão entre as facções ficou indistinta. Margarida de Anjou, líder de fato dos lancastrianos durante boa parte do conflito, fez causa comum com Warwick, um de seus principais inimigos yorkistas.

Henrique VI ou seu herdeiro lancastriano no trono da Inglaterra, com Warwick em posição de grande poder atrás do trono, e, em troca, a Coroa inglesa ajudaria os franceses na disputa entre a França e a Borgonha. Como a Borgonha era aliada da facção yorkista de Eduardo e como essa aliança fora causa de grande mal-estar por parte de Warwick, tais metas eram aceitáveis para todos.

Depois de trazer para sua causa outros lordes lancastrianos exilados, Warwick e Clarence desembarcaram em Dartmouth e marcharam sobre Londres. Desprevenido e com pouco apoio, Eduardo IV, por sua vez, fugiu e se refugiou na corte da Borgonha. Carlos, o Audaz, da Borgonha, que era cunhado de Eduardo, lhe deu as boas-vindas, mas a princípio não ofereceu nenhum apoio para que recuperasse a coroa.

Margarida de Anjou e o filho não retornaram à Inglaterra quando Warwick desembarcou e continuaram na França por algum tempo. Assim, em setembro de 1470 Henrique VI foi libertado da prisão por Warwick, que governou a Inglaterra por meio dele. Isso desagradou muito a Clarence, que esperava se tornar rei quando Warwick triunfasse. Em vez disso, foi posto de lado e deixado em posição perigosa como irmão de um rei deposto, herdeiro de uma facção aparentemente derrotada e desnecessário para os que estavam no poder.

Acima: Depois de tomar o poder na Inglaterra, Warwick libertou Henrique VI do cativeiro. Ele esperava governar o país por meio de um rei títere e alquebrado, de um modo que fora impossível com Eduardo IV no poder.

MÉTODOS DE EXECUÇÃO

A EXECUÇÃO ERA uma punição comum para grande variedade de crimes na Idade Média e era usada também como expediente político. Os herdeiros de uma propriedade ou da Coroa poderiam se tornar o centro de conspirações em algum momento futuro, e monarcas prudentes e implacáveis se livravam de possíveis rivais quando havia oportunidade. Um nobre também poderia ser executado por outras razões políticas, entre elas quando era tomado como refém segundo os termos de um tratado que fosse rompido.

Às vezes, as execuções eram realizadas de forma improvisada. Por exemplo, em 1415, na batalha de Agincourt, foram muitos os prisioneiros franceses, tantos que eram mais numerosos que seus captores. Quando pareceu que a batalha viraria contra os ingleses, foi dada a ordem de executar todos os prisioneiros, menos os de condição mais alta (isto é, mais valiosos), para impedir que voltassem a pegar em armas. A ordem foi suspensa quando a situação se restaurou, mas muitos homens perderam a vida. Execuções desse tipo eram realizadas de forma apressada e um tanto aleatória; as vítimas recebiam o golpe fatal como fosse possível, com adagas, espadas e outras armas portáteis. Muitos morriam lentamente ou só recebiam o golpe de misericórdia quando os executores tinham tempo de verificar quem morrera e quem ficara apenas ferido.

As execuções deliberadas, ao contrário dos expedientes no campo de batalha, eram realizadas segundo vários métodos. Alguns eram estranhos e propositalmente horrendos, como a fervura. A morte podia ser rápida quando a vítima era jogada em água ou óleo fervente ou lentíssima se o líquido fosse aquecido aos poucos. Outros métodos de execução se baseavam no que estivesse disponível ou no capricho das autoridades que impunham a pena de morte.

Algumas execuções assumiam a forma de homicídios, e o cativo era atacado de surpresa quando não tivesse possibilidade de se defender. Isso podia ocorrer a qualquer momento depois da prisão; por mais educados que fossem os carcereiros, havia sempre a possibilidade de receberem a ordem de eliminar o prisioneiro. Assim os captores

À esquerda: A decapitação com o machado era a forma mais misericordiosa de execução que um plebeu podia esperar. O mais comum era estrangular as vítimas lentamente, penduradas numa corda como divertimento para a multidão.

À esquerda: Os membros de um rebelde famoso podiam ser levados a várias cidades ou deixados em exposição em lugar de destaque como lembrete de que fora derrotado e morto. Esperava-se que isso impedisse outros de questionar os que estavam no poder.

podiam livrar-se secretamente de quem pudesse se tornar uma ameaça ou um fardo no futuro.

O mais comum era a execução formal, geralmente realizada com grande cerimônia. Os nobres, mesmo se condenados à morte por traição ou apenas por estar do lado derrotado numa batalha, tinham de ser tratados com cortesia e respeito. Isso ajudava a manter a ordem social, e até inimigos mortais recebiam uma execução formal e bastante educada. Para os nobres, o método costumeiro era a decapitação com espada. A espada típica dos carrascos tinha a lâmina pesada e ponta cega, porque não eram usadas em combate. Brandida com ambas as mãos, podia cortar o pescoço e matar de forma quase instantânea; por isso, era um método considerado relativamente misericordioso. Os não nobres podiam no máximo torcer pela decapitação com machado. Às vezes o machado também era usado como marca de desrespeito com quem talvez achasse que merecia a espada.

A forca era o método de execução mais comum. O enforcamento relativamente misericordioso com fratura do pescoço foi inventado mais tarde, provavelmente no século XVI, e na época da Guerra das Rosas a morte na forca era um estrangulamento lento, com o corpo pendente indefeso na corda.

Para os condenados por traição, usavam-se versões mais violentas da forca, com torturas como estripação ou castração prévia ou quando a vítima estivesse quase morta. Os órgãos podiam ser jogados ao fogo depois de arrancados, ou a vítima moribunda podia ser queimada ainda viva. O esquartejamento, isto é, o corte dos membros para serem expostos em várias cidades como forma de aviso, podia ocorrer depois da morte ou ser uma causa contributiva.

Para o nobre condenado à execução, havia uma última barganha. Se ele aceitasse o jogo até o fim e tivesse uma boa morte, era menos provável que a família fosse deserdada ou punida por seus atos. Provavelmente ele também tinha consciência das alternativas à decapitação, que era relativamente indolor, e talvez preferisse aceitá-la como a alternativa menos apavorante de um conjunto de opções extremamente desagradáveis.

7
O SEGUNDO REINADO DE HENRIQUE E EDUARDO

Forçado a fugir da Inglaterra, Eduardo IV chegou à Holanda em setembro de 1470 e se refugiou na corte de Carlos, o Audaz, duque da Borgonha. Carlos estava em conflito com o rei da França, numa disputa antiga, e foi o aliado que Eduardo buscou, em preferência a Luís XI.

"O tratado de Peronne, de 1468, resultou em um ano de trégua."

A princípio, Carlos, o Audaz, não se mostrou receptivo à ideia de apoiar a tentativa de Eduardo de recuperar o trono inglês. A principal razão era que enfrentava seus próprios problemas. Embora em 1468 o Tratado de Peronne determinasse um ano de trégua, o conflito entre França e Borgonha se inflamava outra vez, e Carlos mal tinha recursos para uma aventura no exterior.

As placas fúnebres exibem os símbolos heráldicos que seus proprietários podiam usar em seu escudo pessoal. A de Eduardo IV contém os símbolos reais da Inglaterra e da França, indicando que ele descendia das casas reais dos dois países.

Carlos, o Audaz, tinha ambições de criar um reino para si e vinha aumentando suas terras por vários meios, como a compra e a assinatura de contratos. Sua força militar também era grande, com soldados bem disciplinados, coisa rara pelos padrões da época. No entanto, seus inimigos franceses eram muito poderosos, e Carlos não podia se dar ao luxo de enfraquecer sua posição sem boas razões. Era preciso levar em conta as consequências da restauração de Henrique VI no trono inglês. Ele não via com bons olhos a ideia de uma Inglaterra governada por Margarida de Anjou ou seu filho, cujos fortes contatos franceses sem dúvida deixariam França e Inglaterra contra a Borgonha. A manutenção de boas relações com

Acima: O tratado de Conflans, assinado em 1465, cedeu territórios franceses importantes ao ducado da Borgonha. Em poucos meses, irrompeu um novo conflito, e a França conseguiu recuperar territórios na Normandia cedidos pelo tratado.

a Inglaterra seria mais provável se Eduardo IV fosse rei do que com um lancastriano no trono. Carlos era casado com Margarida de York, irmã de Eduardo, e ajudá-lo cimentaria ainda mais as boas relações. Isso poderia ser útil no futuro — mas somente se Eduardo recuperasse o trono.

Portanto, Carlos, o Audaz, acabou concordando em dar dinheiro e apoio a Eduardo. Já havia numerosos ingleses a serviço de Carlos — ele contratava mercenários talentosos onde os encontrasse, principalmente na Inglaterra e na Itália —, e Eduardo logo conseguiu formar uma pequena força para sua expedição de volta à Inglaterra. Enquanto isso, chegaram boas notícias. Elizabeth Woodville, esposa de Eduardo, já tivera três filhas; finalmente, em setembro de 1470, ela deu à luz um filho. O menino foi batizado como Eduardo e tornou-se o herdeiro aparente do trono inglês. Seu reinado, se é possível chamá-lo assim, foi um dos mais breves registrados: ele não chegou a Londres para

Acima: O casamento de Carlos, duque da Borgonha, e Margarida de York criou laços estreitos entre a Borgonha e a Inglaterra. Numerosos obstáculos tiveram de ser superados, principalmente a interferência do rei francês, que via a união como ameaça.

ser coroado, muito menos para assumir o poder; foi logo deposto e passou o resto da vida na Torre de Londres. No entanto, no final de 1470 o nascimento de um herdeiro parecia um bom presságio para Eduardo IV, e em março de 1471 ele desembarcou na Inglaterra para recuperar seu trono.

Nesse período, Henrique VI, por sua vez, foi um títere de Warwick. Margarida de Anjou ainda estava na França, o que permitiu a Warwick governar o país como quisesse por meio de um rei fraco e influenciável. Isso era do agrado de Warwick, mas não tanto de Clarence, que tivera esperanças de se tornar rei. Ele começou a se reconciliar com o irmão Eduardo e concordou em apoiá-lo caso retornasse à Inglaterra.

Eduardo retorna à Inglaterra

Em 14 de março de 1471, Eduardo desembarcou com seus seguidores em Ravenspurn, perto de Hull, no litoral de Yorkshire — o mesmo lugar onde Henrique IV desembarcara em 1399. Depois, marchou para Londres e, ao chegar lá, encontrou-a sem defesa. Eduardo continuava popular em Londres, e não foi difícil aumentar suas forças.

O choque decisivo aconteceu no domingo de Páscoa, 14 de abril. O exército de Warwick aguardava em Barnet, no terreno elevado perto da cidade. Ambos os lados se desdobraram, prontos para a batalha no dia seguinte, mas Eduardo deu o passo incomum de redesdobrar protegido pela escuridão. Furtivamente, ele levou seus soldados para mais perto do inimigo, para ter a vantagem de um ataque súbito na manhã seguinte ou para se assegurar de que Warwick não rompesse contato e se afastasse durante a noite.

Warwick não tinha a intenção de fazer isso. Estava em boa posição e tinha confian-

Abaixo: Eduardo IV escreveu a Francisco II da Bretanha na esperança de obter ajuda contra seus inimigos. Na década de 1460, Francisco ficou ao lado da Borgonha contra a França, mas acabou se mostrando mais amigo dos Lancaster do que dos York.

O SEGUNDO REINADO DE HENRIQUE E EDUARDO 163

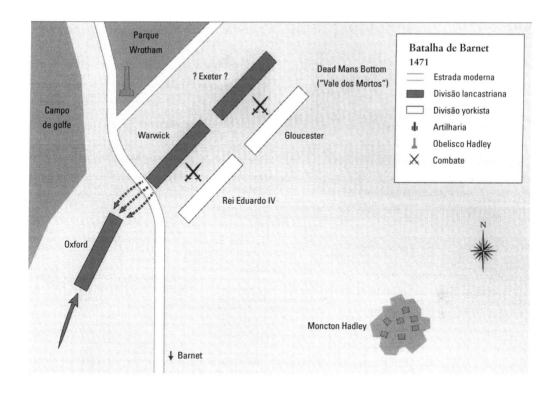

ça na vitória. Durante a noite, sua artilharia golpeou a localização provável das formações inimigas, e os canhões de Eduardo responderam. A ciência da artilharia de campanha não era muito avançada nessa época. Mesmo que os alvos estivessem onde os artilheiros pensavam, as baixas seriam poucas, devido à imprecisão, à lentidão do recarregamento e à pouca confiabilidade geral dos canhões. Como retirou suas forças da última posição conhecida, Eduardo garantiu que o bombardeio de Warwick causasse poucos danos.

A disposição das tropas em combate era bastante típica da época. Cada exército se dividia em três batalhões, comandados pelos nobres presentes de mais alta posição. A ala esquerda de Eduardo, comandada por William, lorde Hastings, enfrentava o batalhão lancastriano de João de Vere, conde de Oxford, e João Neville, marquês de Mon-

Acima: A vitória de Eduardo em Barnet deveu-se principalmente ao excesso de zelo na perseguição de sua ala derrotada pelos soldados comandados pelo conde de Oxford. Ao retornar, os homens de Oxford foram confundidos com inimigos; um incidente de "arqueria amiga" se transformou em pânico e derrota.

tagu. Essa força se estendia além do flanco de Hastings e dava vantagem à hoste lancastriana. O centro yorkista era comandado por Eduardo IV e seu irmão Clarence. Era provável que Eduardo quisesse o irmão por perto para se assegurar de que não o trairia. Ostensivamente, os irmãos podiam ter se reconciliado, mas Eduardo não se dispunha a confiar a vida à promessa de que não haveria repetição dos fatos anteriores de Lincolnshire. Se estivesse sob o comando pessoal do irmão, Clarence não teria oportunidade de comandar contra Eduardo nenhum setor do exército; se fosse para um dos batalhões dos flancos, seria ele a comandá-lo, devido à sua posição. Diante do batalhão central de Eduardo estava uma força lancastriana sob o comando do conde de Warwick. Algumas fontes dizem que esse batalhão era comandado por Edmundo Beaufort, duque de Somerset, com Warwick como comandante geral ou talvez associado ao batalhão da esquerda, embora haja dúvidas. É certo que Warwick estivesse presente na batalha de Barnet; Somerset provavelmente não estava lá. A direita yorkista, sob Ricardo, duque de Gloucester, enfrentava um batalhão comandado por Henrique Holland, duque de Exeter. O posicionamento dos dois exércitos era tal que a força de Gloucester se estendia além do flanco lancastriano, dando à força yorkista a mesma vantagem que o adversário gozava no outro flanco.

> "Um combate prolongado entre iguais podia resultar em baixas surpreendentemente pequenas, mas, assim que começava, a perseguição se tornava um massacre."

A batalha de Barnet

O dia 14 de abril nasceu com muita neblina, ocultando a disposição de ambos os lados, de modo que, a princípio, não ficou claro que ambos os exércitos estavam expostos a um ataque de flanco. Os batalhões centrais dos dois lados se engajaram diretamente e o combate começou, mas nos flancos a posição relativa dos exércitos produziu um resultado bastante rápido. Gloucester avançou e começou a envolver o flanco lancastriano, e Exeter reagiu recuando parte de sua tropa para enfrentar a ameaça. Embora muito pressionado, seu batalhão conseguiu aguentar o ataque; a vantagem de Gloucester não foi decisiva.

O oposto aconteceu no outro flanco. Quando o batalhão comandado por Oxford e Montagu começou a cercar o flanco de Hastings, a tropa deste se desintegrou. Muitos homens de Hastings fugiram do campo de batalha, perseguidos por Oxford. Isso teve consequências inesperadas, embora, naquele momento, a situação parecesse péssima para os yorkistas. Na maioria das batalhas antigas e medievais, as baixas eram muito maiores no lado que se desordenava. Um combate prolongado entre iguais podia resultar em baixas surpreendentemente pequenas, mas, assim que começava, a perseguição se transformava em massacre. Portanto, nem sempre a perseguição indisciplinada era uma coisa ruim, porque assegurava que o lado derrotado fosse realmente esfacelado e não conseguisse recuperar a força rapidamente. No entanto, ela também tirava os perseguidores do campo de batalha.

Historicamente, batalhas se perderam devido a sucessos locais que fizeram parte do lado vitorioso se excluir da equação. Até os comandantes conseguirem reunir as forças, essa ausência poderia ser aproveitada pelo inimigo ou, pelo menos, exigir algum reposicionamento para impedir o aproveitamento da vantagem. Uma força mais disciplinada perseguiria o adversário no máximo a curta distância e estaria disponível para atacar soldados nos flancos que ficassem expostos com o colapso.

Página ao lado: Representação da batalha de Barnet no estilo típico da época. Embora deem uma boa impressão da violência e da selvageria envolvidas, essas imagens costumam ser mais representativas da situação geral do que exatas em termos de detalhes.

Acima: O conde de Warwick foi capturado pelos inimigos enquanto tentava fugir do campo de batalha. Se tivesse escapado, poderia ter unido forças com Margarida de Anjou, que nessa época desembarcava na Inglaterra com um novo exército.

EDMUNDO E JASPER TUDOR

EDMUNDO E JASPER Tudor eram meios-irmãos de Henrique VI. Sua mãe, Catarina de Valois, era viúva de Henrique V da Inglaterra. Apesar de uma lei contrária do Parlamento, Catarina se casou com o obscuro nobre galês Owen ap Meredydd, mais conhecido como Owen Tudor. O casal teve cinco filhos antes de Catarina ser mandada para um convento, onde depois morreu.

Owen Tudor foi preso, mas fugiu e foi perdoado, e, quando Henrique VI subiu ao trono, Owen lutou por ele. Foi capturado e executado depois da batalha de Mortimer's Cross, enquanto seus filhos ainda eram muito pequenos. Edmundo, o mais velho, nasceu por volta de 1430 e, em 1453, foi nomeado conde de Richmond. Casou-se com Margarida Beaufort, filha do duque de Somerset, mas morreu quando ela estava grávida de seu único filho.

Esse menino era Henrique Tudor, que acabaria por reinar como Henrique VII. Enquanto isso, foi protegido pelo tio Jasper, que era conde de Pembroke. Com os percalços da casa de Lancaster, Jasper foi privado dos títulos por Eduardo IV, que os passou a seu inimigo William Herbert. Depois de receber o condado de volta em 1470, Jasper Tudor o perdeu de novo após a batalha de Barnet.

Jasper Tudor protegeu o jovem Henrique Tudor e lhe serviu de tutor, refugiando-se na Bretanha para escapar de Eduardo IV. Ele continuou a buscar apoio para a causa lancastriana e recuperou mais uma vez o título de conde de Pembroke quando Henrique Tudor derrotou Ricardo III (que, na época, tomara o condado para si) e subiu ao trono como Henrique VII. A partir daí, Jasper Tudor ocupou cargos importantes, como Lugar-Tenente da Irlanda e duque de Bedford.

À direita: Owen Tudor nasceu por volta de 1400, numa época em que seu País de Gales natal combatia as tentativas inglesas de pacificar sua população. Era primo de Owain Glyndwr, que comandou a campanha contra os ingleses. Ele nasceu nessa casa de fazenda perto de Pentraeth, na ilha de Anglesey, no País de Gales.

Acima: A batalha de Barnet é homenageada por esse obelisco. Provavelmente Barnet foi mais importante do que a batalha seguinte de Tewkesbury, porque a derrota do exército de Warwick impediu sua junção com Margarida de Anjou e tornou quase certa a vitória real.

Portanto, Eduardo teve sorte, porque os soldados de Oxford perseguiram sua ala derrotada até bem longe em vez de cercar sua linha com um ataque de flanco. No entanto, o benefício foi muito maior do que esse. Oxford e seus homens se desorientaram demais na neblina e retornaram à batalha atrás da própria linha. Se tivessem caído sobre a retaguarda de Eduardo, os yorkistas perderiam a batalha, mas Oxford provocou pânico entre seus aliados. Alguns arqueiros de Warwick confundiram o estandarte de Vere com o símbolo de Eduardo e começaram a atirar na força que se aproximava deles pelo flanco. O erro logo ficou visível, mas naquele tempo a traição era sempre uma possibilidade e, na força lancastriana, alguns começaram a gritar que tinham sido traídos.

Com uma força aparentemente hostil na retaguarda, os homens de Warwick caíram em confusão e permitiram que o batalhão central de Eduardo avançasse. Então a força lancastriana se desfez, com homens fugindo o mais depressa possível do campo de batalha. Warwick foi morto quando tentava alcançar seu cavalo para recuar, assim como o irmão Montagu. Henrique Holland, duque de Exeter, também ficou gravemente ferido. Alguns relatos dizem que foi resgatado, outros que o deixaram como morto mas que se recuperou. Seja como for, ele abandonou a causa lancastriana e fugiu para a França. Seu corpo apareceu na costa de Dover em 1473, mas não se sabe como ele morreu.

Oxford também escapou e chegou à França, onde continuou a defender a causa lancastriana. No devido tempo, retornou à Inglaterra com novas forças para continuar a luta. Enquanto isso, Edmundo Beaufort, duque de Somerset, conseguiu reunir outras forças lancastrianas sob o comando de Margarida de Anjou e seu filho Eduardo de Westminster.

Acima: Incapaz de alcançar seus aliados no País de Gales, Margarida de Anjou e o filho Eduardo enfrentaram o exército real em Tewkesbury. Sua derrota pareceu ser o fim da causa lancastriana e garantiu o reinado de Eduardo IV na Inglaterra.

Margarida e Eduardo de Westminster retornam à Inglaterra

Eduardo IV talvez pensasse que a causa lancastriana tinha recebido seu golpe de misericórdia em Barnet. No entanto, ainda havia algumas forças lancastrianas à solta, e ele precisava agir depressa para aproveitar o sucesso. Na época ele não sabia, mas Margarida de Anjou e Eduardo de Westminster tinham desembarcado em Weymouth no mesmo dia em que Eduardo obteve a vitória sobre Warwick. Somerset logo se uniu a eles, formando uma ameaça que não podia ser ignorada.

A chegada de Margarida à Inglaterra fora retardada por tempestades no Canal da Mancha, senão ela teria unido forças com Warwick e a batalha de Barnet talvez acabasse de outro modo. Como agora teria de enfrentar o exército real de Eduardo sem seus aliados, ela pensou em recuar para a França e aguardar uma oportunidade melhor. Eduardo de Westminster a convenceu de que ainda podia vencer a campanha, ou pelo menos que não havia razão para simplesmente dar meia-volta e zarpar para

À direita: Alguns líderes lancastrianos se refugiaram na Abadia de Tewkesbury, mas Eduardo IV os capturou mesmo assim e mandou executá-los após um julgamento sumaríssimo. Depois disso, a abadia foi reconsagrada, porque sangue se derramara em campo santo.

casa, de modo que Margarida resolveu continuar lutando.

A melhor opção seria se deslocar para oeste e se unir às forças reunidas por Somerset e João Courtenay, conde de Devon. Courtenay era um dos lordes lancastrianos que tinham fugido para o exílio e, nesse período, teve muito tempo para conspirar com Margarida de Anjou. Ele e Somerset formaram uma força bem significativa que permitia a Margarida ser uma grave ameaça ao exército real, mas eram necessários mais soldados. Esses poderiam ser obtidos no País de Gales, onde Jasper Tudor estivera muito ativo, ou nas tradicionais regiões lancastrianas do norte da Inglaterra.

Eduardo soube do desembarque de Margarida dois dias depois, mas a princípio não conseguiu discernir suas intenções. Para disfarçar, ela mandou forças em várias direções, ocultando a verdadeira direção de sua marcha, e Eduardo IV levou alguns dias até começar a se deslocar para interceptá-la. Margarida foi primeiro a Exeter e depois a Bath antes de seguir para o norte. O desvio até Bristol foi necessário para obter suprimentos, mas uma investida contra Gloucester, com o mesmo propósito, encontrou os portões da cidade fechados diante do exército lancastriano.

A batalha de Tewkesbury

Eduardo IV tentou forçar uma batalha em Sodbury, mas não chegou a tempo. Ele perseguiu o exército lancastriano que seguia para Tewkesbury, ao norte. A intenção de Margarida era atravessar ali o Rio Severn; com esse fim, ela pusera o exército em marcha forçada. No entanto, com a força de Eduardo nas proximidades, foi preciso dar meia-volta e lutar ou se arriscar a ser pega durante a trabalhosa travessia. Realmente não havia opção; a força lancastriana ocupou uma posição em terreno elevado e acampou, tentando se recuperar da longa marcha forçada. No dia seguinte, 4 de maio de 1471, Eduardo IV desdobrou seu exército para o combate. Provavelmente, ele tinha por volta de quatro mil homens; a força lancastriana contava com cerca de cinco mil.

Eduardo IV seguiu praticamente o mesmo posicionamento de Barnet. O irmão Gloucester comandava um batalhão de flanco; Wil-

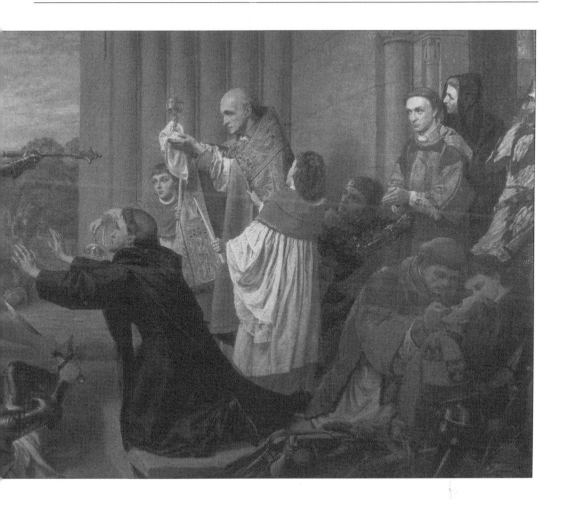

liam Hastings, o outro. O centro era comandado pessoalmente por Eduardo, com a ajuda do irmão Clarence. Os relatos contemporâneos se confundem um pouco sobre a ordem do desdobramento dos batalhões; a prática costumeira era partir da linha de marcha com a vanguarda (comando de Gloucester) assumindo a posição mais à direita e a retaguarda (Hastings), indo para a esquerda. Algumas fontes afirmam que essa ordem foi invertida, embora não indiquem a razão.

No entanto, em geral se concorda que Eduardo ocultou uma força de uns duzentos homens num bosque à esquerda para impedir o flanqueamento lancastriano pelo bosque ou para fazer um ataque de surpresa caso surgisse a oportunidade. Todos os comandantes yorkistas eram muito experientes e podia-se confiar que cuidariam bem de si mesmos. Sem nada mais a fazer, Eduardo IV deu a ordem de atacar.

Diante dele estava uma posição lancastriana que se beneficiava de algumas características defensivas. Um pequeno curso d'água protegia parte do flanco esquerdo, enquanto o batalhão principal estava em terreno mais elevado. O avanço da força de Eduardo foi difícil, pois o terreno acidentado impossibilitava manter ao mesmo tempo o movimento à frente e a ordem de combate. Enquanto a força yorkista se esforçava para ultrapassar valas e elevações, a artilharia e os arqueiros lancastrianos mantinham fogo constante. Esse foi devidamente respondido, e a força yorkista era superior tanto em número de canhões quanto na qualidade de sua guarnição.

Somerset e Devon comandavam os batalhões nos flancos lancastrianos, com o centro nominalmente sob o comando de Eduardo de Westminster. João, barão Wenlock, era o verdadeiro comandante do centro lancastriano, porque Eduardo de Westminster não tinha experiência. Wenlock se passara para o lado yorkista depois da primeira batalha de St. Albans, mas trocara de lado novamente para lutar pela facção lancastriana. Não há indícios de traição por parte de Wenlock, mas ele não deu apoio ao batalhão de Somerset no momento mais necessário e assim, provavelmente, cedeu a vitória aos yorkistas. No entanto, por algum tempo pareceu que a defesa lancastriana se aguentaria. O avanço de Eduardo sofreu um contra-ataque de surpresa comandado por Somerset, que usara o terreno acidentado para ocultar o avanço de sua tropa. Com seu batalhão retardado pelo avanço difícil, Eduardo foi muito pressionado, mas conseguiu repelir o ataque.

Eduardo foi auxiliado pelo irmão Gloucester, que trouxe elementos de seu batalhão, e pela força que deixara antes no flanco esquerdo. Atacada pela retaguarda e com intenso engajamento à frente, a força de Somerset cedeu e provocou uma derrota mais generalizada. Somerset conseguiu escapar do caos e buscou proteção na Abadia de Tewkesbury, embora (de acordo com a lenda) não antes de matar o barão Wenlock com um machado por não mandar apoio a tempo.

A força lancastriana sofreu pesadas baixas enquanto se desintegrava. O terreno acidentado conteve os homens que tentavam fugir. Alguns se afogaram no rio, alguns foram pisoteados, outros lutaram entre si. Muitos outros morreram nas mãos dos soldados yorkistas que os perseguiram.

Abaixo: Margarida de Anjou foi aprisionada depois de Tewkesbury, mas não maltratada. Acabou sendo resgatada pela França e morreu em Anjou em 1482. Não teve mais nenhum papel na Guerra das Rosas depois da morte do filho.

Acima: De acordo com alguns relatos, Eduardo de Westminster foi violentamente morto pelos cavaleiros que escoltavam o rei Eduardo IV, agindo por ordem do rei. Essa versão dos fatos o ilustra defendendo até o fim seu direito de nascença ao trono.

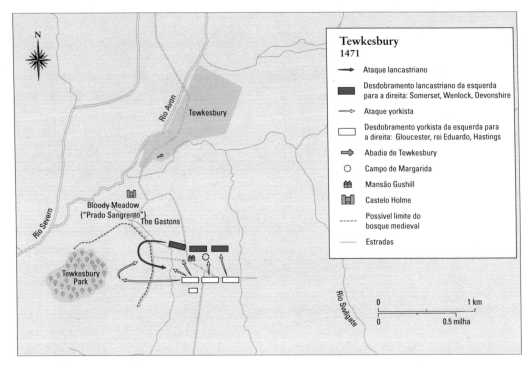

Acima: É difícil discernir uma imagem clara da batalha de Tewkesbury pelos relatos contemporâneos. O terreno acidentado teve papel importantíssimo nos fatos do dia e permitiu que forças escondidas atacassem de surpresa.

O conde de Devon e o irmão mais novo de Somerset foram mortos em combate, enquanto Somerset e outros líderes lancastrianos foram tirados da abadia para serem julgados. Edmundo Beaufort, duque de Somerset, foi sumariamente decapitado. Com a morte do irmão João em combate, isso deu fim à linhagem masculina dos Beaufort. Margarida de Anjou foi capturada em 21 de maio, pouco depois da batalha, e ficou presa durante os cinco anos seguintes.

A morte de Henrique VI e Eduardo de Westminster

Eduardo de Westminster, herdeiro do trono de Henrique VI, foi capturado depois da batalha. De acordo com alguns relatos, foi executado quase imediatamente por Clarence, que realizou um rápido arremedo de julgamento e decapitou o jovem príncipe. Outras versões da história falam de um desafiador Eduardo de Westminster levado até Eduardo IV, que lhe ordenou que explicasse a invasão. O príncipe respondeu que viera recuperar o direito de nascença do pai. Dizem que Eduardo IV bateu na cara do príncipe com a manopla, indicando aos cavaleiros de sua escolta que o executassem. Se for verdade, a morte de Eduardo de Westminster ficou em algum ponto entre combate, execução e assassinato. Essa ambiguidade talvez resuma toda a época da Guerra das Rosas.

Até esse momento, Eduardo IV se contentara em manter Henrique VI como prisioneiro, mas depois da batalha de Tewkesbury ele decidiu se livrar do antigo rei. Henrique teve morte violenta em 21 de maio de 1471. Já se sugeriu que o assassino foi Gloucester, mais tarde coroado como Ricardo III. Não importa; Henrique era prisioneiro real e sua vida estava nas mãos dos

Acima: De acordo com a versão oficial dos fatos, Henrique VI morreu de sofrimento e tristeza pouco depois da batalha de Tewkesbury. É bem mais provável que a causa tenha sido violenta, provavelmente instigada por Ricardo de Gloucester por ordem de Eduardo VI.

captores, que obedeciam a Eduardo IV. Em última análise, a responsabilidade pela morte de Henrique é de Eduardo, mesmo que ele não a tenha ordenado diretamente — e é muito provável que o tenha feito. A versão oficial dos fatos foi que ele morreu de "melancolia"; provavelmente não seria seguro questionar essa afirmativa.

A paz não veio imediatamente depois de Tewkesbury. Houve alguma agitação no norte do país, embora não muito grave pelos padrões da época. As forças pró-Lancaster ainda operavam no País de Gales, sob o comando de Jasper Tudor, meio-irmão de Henrique VI. Apesar das objeções da alta nobreza, sua mãe Catarina de Valois se casara em segredo com Owen Tudor depois da morte do primeiro marido, o rei Henrique V da Inglaterra. Jasper Tudor fora conde de Pembroke, mas depois que Eduardo IV assumiu o trono, foi proscrito; mais tarde, foi derrotado em combate por William Herbert, que recebeu seus títulos. Jasper Tudor foi reconhecido como conde de Pembroke em 1470, depois da restauração do rei Henrique VI, mas, capturado na batalha de Barnet, perdeu o título outra vez. Mesmo assim, continuou lancastriano ferrenho e comandou a resistência por algum tempo antes de fugir para o continente europeu com Henrique Tudor, de quem era tutor em questões militares.

Enquanto isso, surgira uma ameaça maior. Tomás Neville, filho ilegítimo de William Neville, conde de Kent, desembarcou em Sandwich com uma grande força. Às vezes, Tomás Neville era chamado de Tomás Fauconberg ou "o bastardo de Fauconberg" devido ao pai, que era um comandante militar notável. O próprio Tomás era um líder guerreiro renomado que fizera fama combatendo piratas no Mar do Norte e no Canal da Mancha. Foi lancastriano, mas se uniu à causa yorkista em 1460. Depois de 1469, ficou do lado do conde de Warwick e o ajudou como comandante das forças navais. Tentou impedir que Eduardo IV chegasse à Inglaterra, mas não conseguiu.

Tomás Neville formou um exército em Kent enquanto seus navios seguiam para Londres. Recusaram-lhe a entrada, e ele atacou retirando os canhões dos navios para bombardear as defesas da cidade e tentar invadi-la. O ataque foi repelido, embora Tomás Neville conseguisse recuar mantendo intato seu exército, cujo efetivo, pelo que se conta, era de vinte mil homens. Neville soube que Warwick estava morto e que sua tentativa de depor Eduardo IV se frustrara, e acabou capturado em Southampton depois que seus navios foram ocupados por forças de Eduardo em Sandwich. Cativo, ele foi levado para o castelo de Middleham, em Yorkshire, e decapitado em 22 de setembro de 1471.

Esses fatos costumam ser considerados o fim da Guerra das Rosas propriamente dita. Começou na Inglaterra um período de relativa paz e estabilidade, que terminou com a morte de Eduardo IV e um novo conflito pela sucessão. No entanto, esse conflito teve

> "Começou na Inglaterra um período de relativa paz e estabilidade que terminou com a morte de Eduardo IV e um novo conflito pela sucessão."

sua origem na Guerra das Rosas e provocou um último ressurgimento da disputa entre yorkistas e lancastrianos.

A estabilidade volta à Inglaterra
A partir de 1471, Eduardo IV manteve uma posição sólida como rei. Ainda havia agitação, mas ele tinha poder suficiente para suprimir qualquer rebelião e restaurar a estabilidade do país. Seus partidários mais próximos receberam altos cargos, o que às vezes provocou atrito. Seu irmão Ricardo de Gloucester recebeu grandes concessões de terra e foi nomeado governador do norte da Inglaterra. Isso lhe deu a responsabilidade de defender a região norte contra incursões escocesas e, talvez não por coincidência, o afastou da corte. Ele se ocupou com ata-

À esquerda: Ana Neville, filha do conde de Warwick, foi prometida a Eduardo de Westminster. Depois de sua morte, ela se casou com Ricardo de Gloucester. A irmã Isabel já era casada com Jorge de Clarence, irmão de Ricardo, o que provocou atrito com a divisão das propriedades Warwick.

Acima: Aliado a Carlos da Borgonha, Eduardo IV começou uma campanha na França em 1475, mas quase de imediato aceitou os termos generosos de um tratado oferecido por Luís XI da França. Entre eles, estava o pagamento de grandes quantias anuais e o resgate de Margarida de Anjou.

ques e contra-ataques, mas isso não o impediu de entrar numa séria disputa com o irmão Jorge, duque de Clarence.

Gloucester se casou com Ana Neville, irmã mais nova de Isabel, já casada com o irmão Clarence. Isso dava a Gloucester direito a uma parte da grande herança de Neville, concedida inteiramente ao irmão, o que resultou em prolongada disputa. Apesar da intervenção do irmão Eduardo, os dois continuaram a se desentender por algum tempo, embora Gloucester se opusesse à execução de Clarence por traição. Clarence já comprovara que era bem capaz de trair. Quando seu plano de desposar Maria, duquesa da Borgonha, foi impedido por Eduardo, Clarence se afastou da corte, e surgiram indícios de que tramava uma revolta. Cansado das intrigas do irmão, Eduardo mandou prendê-lo e o acusou de traição. Ele foi proscrito em janeiro de 1478 e executado em fevereiro. De acordo com a lenda popular, permitiram-lhe escolher o método da execução, e ele preferiu ser afogado num barril de vinho Malvásia.

Nesse ínterim, a guerra com a França reviveu por algum tempo. Aliado à Borgonha, Eduardo IV invadiu a França, mas rapidamente se envolveu em negociações de paz. O subsequente Tratado de Pecquigny, assinado em 1475, determinou uma trégua entre Inglaterra e França e um acordo de apoio mútuo contra inimigos internos e externos. Eduardo também recebeu uma grande quantia. O tratado incluía numa cláusula o casamento de Elizabeth de York, filha de Eduardo, com Carlos, filho de Luís XI da França. Margarida de Anjou foi resgatada como parte do tratado. Ela se recolheu em Anjou, com uma pensão concedida por Luís, e não teve mais nenhum papel no conflito.

Em 1480, Eduardo IV preocupava-se principalmente com seus próprios prazeres. O governo do reino ficou principalmente nas mãos da família Woodville, enquanto Gloucester, irmão de Eduardo, defendia o norte contra a principal ameaça restante, a Escócia. Coube a ele conduzir a guerra que irrompeu como resultado da interferência francesa. Apesar de vigorar a trégua de sete

ELIZABETH DE YORK

NASCIDA EM 1466, Elizabeth de York era a filha mais velha de Eduardo IV e Elizabeth Woodville. Com processos astrológicos obscuros, tinham assegurado ao pai que a criança seria um menino. Na verdade, Elizabeth foi seguida por duas irmãs antes que nascesse um filho homem. O padrinho de Elizabeth era Ricardo Neville, conde de Warwick. Mais tarde, este se tornaria inimigo dos Woodville e de Eduardo IV, mas na época era amigo íntimo da família. Durante a infância de Elizabeth, isso mudou drasticamente, e ela passou o início da vida num período de grande incerteza. Depois de 1471, a estabilidade voltou e a carreira de princesa real de Elizabeth ficou mais assegurada. Em 1475, como parte do Tratado de Pecquigny, Elizabeth foi prometida a Carlos, herdeiro do trono da França. O rei Eduardo concedeu-lhe parte do pagamento recebido da França pelo Tratado de Pecquigny que previa o casamento e a tornou rica e independente.

Em consequência do noivado, a educação de Elizabeth foi dirigida para o futuro na corte francesa. Ela aprendeu a ler e escrever francês e, a partir de 1480, recebeu todas as honras apropriadas a uma futura rainha consorte da França. Isso mudou em 1483, quando seu pai adoeceu. Ao deduzir corretamente que não havia mais perigo de invasão inglesa, Luís XI da França decidiu que o Tratado de Pecquigny não se aplicava mais. Ele rompeu o noivado do filho com Elizabeth de York e começou a negociar seu casamento com Maria, duquesa da Borgonha.

Com a morte de Eduardo IV, a sorte da família Woodville virou. Eles tinham poucos

Acima: Elizabeth de York, filha de Eduardo IV e Elizabeth Woodville, sobreviveu a uma época perturbada e à mudança das circunstâncias e acabou se casando com Henrique VII; assim, fundou a dinastia Tudor. Segundo todos os relatos, foi um casamento feliz, além de politicamente importante.

amigos, mas não precisavam de muitos quando eram a família do rei. Se o príncipe Eduardo tivesse sido coroado, como era seu direito, os Woodville teriam permanecido na linha de frente da política inglesa. Mas ele foi preso e sofreu uma morte misteriosa. Ricardo de Gloucester, irmão do rei falecido, assumiu o trono como Ricardo III.

Elizabeth de York e sua família se refugiaram na Abadia de Westminster, que lhes concedeu proteção. Algum tempo depois, eles se entregaram ao novo rei.

À esquerda: Como combinado entre sua mãe e Henrique Tudor, em 1486 Elizabeth de York se casou com o novo rei Henrique VII. Embora os problemas continuassem, essa união entre as casas de York e Lancaster efetivamente deu fim à Guerra das Rosas.

Elizabeth de York não foi maltratada, embora os irmãos provavelmente tenham sido assassinados em segredo e ela, declarada ilegítima. Isso se deveu à acusação espúria de que, na época do casamento de Eduardo IV com Elizabeth Woodville, ele já estava noivo de outra dama, o que invalidava o casamento. Esse não foi um ataque a Elizabeth de York como tal; foi apenas um efeito colateral da tentativa de legitimar a coroação de Ricardo III. Com Jorge, o irmão mais velho, executado por traição em 1478 e os filhos do rei seu irmão declarados bastardos, ele teria o direito de herdar a coroa de acordo com as regras normais de sucessão.

Nessa época desconfortável, a mãe de Elizabeth fez um acordo com Henrique Tudor: se ele voltasse à Inglaterra e ocupasse o trono, Elizabeth de York se casaria com ele. Henrique Tudor desembarcou em agosto de 1485, derrotou Ricardo III em combate e ocupou o trono como Henrique VII. Foi coroado antes do casamento com Elizabeth, mas manteve a promessa de se casar com ela assim que garantisse seu poder. Esse casamento uniu as casas de York e Lancaster e criou a nova dinastia Tudor.

Elizabeth teve pouco poder ou influência política, mesmo depois do casamento com o rei, mas era muito estimada e foi profundamente chorada pela família quando morreu em 1503. Dois de seus cinco filhos não sobreviveram até a idade adulta, mas os outros três estavam destinados à grandeza. Os filhos sobreviventes de Henrique VII e Elizabeth de York foram Maria Tudor, que, por pouco tempo, foi rainha da França, Margarida Tudor, que se casou com o rei da Escócia e foi avó de Maria, rainha da Escócia, e Henrique, que sucedeu ao pai e reinou como Henrique VIII.

anos, a França tentava se aliar à Escócia contra a Inglaterra. Isso resultou num período de ataques e tensões crescentes, seguido pela guerra declarada em 1482. A cidade de Berwick mudou duas vezes de mãos; foi finalmente retomada pelas forças de Gloucester e desde então permaneceu em posse dos ingleses.

Gloucester era popular no norte da Inglaterra, enquanto o irmão Eduardo mantinha a popularidade na capital, apesar de seus excessos e da insatisfação geral com a família Woodville. A despeito da guerra com a Escócia e a França e de uma possível conspiração de Clarence, os anos de 1471 a

> "A linha divisória relativamente simples entre York e Lancaster ficara indistinta a ponto de não ter mais a importância anterior."

1483 foram relativamente pacíficos. Então, em 14 de abril de 1483, o rei Eduardo IV da Inglaterra morreu. A disputa subsequente pelo trono da Inglaterra foi o encerramento da Guerra das Rosas propriamente dita. A linha divisória relativamente simples entre York e Lancaster se tornou indistinta a ponto de não ter mais a importância de antes, mas a crueldade do conflito que se seguiu foi a mesma.

Ao lado: A capacidade de oferecer banquetes era um dos indicadores do poder de um nobre ou rei. Havia regras sociais complexas para determinar onde cada um se sentava e em que ordem seriam servidos. Este banquete foi organizado para o exército inglês depois do Tratado de Pecquigny.

8
RICARDO III

Em 9 de abril de 1483, quando Eduardo IV da Inglaterra morreu, seu filho mais velho era novo demais para assumir o trono. Era óbvio que seria necessário nomear um Lorde Protetor, e o candidato mais adequado era Ricardo de Gloucester, irmão mais novo do rei.

"Com a morte de Eduardo, a posição de Hastings se enfraqueceu."

Ricardo de Gloucester foi representante do rei no norte da Inglaterra por alguns anos e, normalmente, morava lá. Seu principal contato na corte era William Hastings, amigo vitalício do rei Eduardo e adversário da família Woodville, que dominava os assuntos da corte, principalmente devido ao casamento de Elizabeth Woodville com o rei. A posição de Hastings se mantinha principalmente devido à amizade com Eduardo, que invalidava quaisquer maquinações políticas da família da esposa. Com a morte de Eduardo, a posição de Hastings se enfraqueceu, embora as boas relações com Ricardo pudessem ser úteis.

Parece que o rei Eduardo se entristecia muito com a rixa entre a esposa e o amigo; algum tempo antes de morrer, ele pediu que os dois se reconciliassem. No entanto, Hastings continuou a desconfiar dos Woodville e, quando a rainha propôs que o herdeiro fosse escoltado a Londres por uma grande força, Hastings se opôs vigorosamente à ideia. Ele afirmou que, se o herdeiro se aproximasse de Londres com um exército, ele se retiraria para Calais, onde era governador.

Eduardo, o príncipe de Gales, se tornou o rei Eduardo V quando o pai morreu. Nascido em 1470 durante o exílio do pai, quando este morreu Eduardo estava no castelo

Ricardo III é um dos personagens mais controvertidos da história inglesa e mais conhecido pelo retrato de Shakespeare do que pela realidade de sua vida e seu reinado. A morte de Eduardo IV (acima) criou um período de instabilidade, pois seu herdeiro era jovem demais para governar.

de Ludlow, residência tradicional do príncipe de Gales, sob a proteção de Anthony Woodville, conde Rivers. Rivers era irmão da rainha e, em várias ocasiões, servira como almirante e em outros postos importantes. Em 1471, foi nomeado Lugar-Tenente de Calais, mas Hastings acabou recebendo o cargo em seu lugar, o que criou outra área de atrito entre Hastings e os Woodville.

O conde Rivers decidiu escoltar o sobrinho até Londres para uma coroação às pressas organizada pela mãe do menino. Na época, ela estava envolvida numa luta pelo poder com Hastings, que tentava evitar novas nomeações de familiares e favoritos da rainha antes que Ricardo de Gloucester assumisse as rédeas do poder como Lorde Protetor, como instruíra o irmão moribundo. Hastings também informou Gloucester desses acontecimentos, insistindo para que fosse depressa para Londres. Embora Eduardo V só tivesse 12 anos e não pudesse governar até a maioridade, havia precedentes de coroação de reis mais jovens. Ricardo II fora coroado com apenas 10 anos, portanto era possível que, em vez de uma regência com Ricardo de Gloucester como Lorde Protetor, a família Woodville conseguisse controlar o país por meio de um rei-criança. No entanto, isso dependia de levar Eduardo a Londres e coroá-lo antes que alguém pudesse interferir.

A prisão do rei Eduardo V

Ricardo de Gloucester conseguiu interceptar o conde Rivers e Eduardo ainda não coroado a caminho de Londres. Provavelmente não havia razão para Rivers ou Eduardo desconfiarem de más intenções, porque Gloucester, sempre leal ao pai de Eduardo, fora por ele nomeado Lorde Protetor do reino até que o príncipe herdeiro chegasse à maioridade. Além disso, Gloucester tinha a autoridade a seu lado. Em essência, questioná-lo seria um ato de guerra civil, algo que não se deveria começar sem grande certeza de que ele pretendia uma traição. Infelizmente para Eduardo, era exatamente isso que Ricardo de Gloucester pretendia. Ele jantou com o rei e seu tio, agindo como amigo, e mandou prendê-los na manhã seguinte. Essa foi uma grave quebra das leis da hospitalidade; esperava-se que o anfitrião protegesse os hóspedes e até lutasse para defendê-los, mas Gloucester aproveitou a ocasião para aprisionar Eduardo e o tio.

> "Esperava-se que o anfitrião protegesse os hóspedes e até lutasse para defendê-los, mas Gloucester aproveitou a ocasião para aprisionar Eduardo e o tio."

O conde Rivers e seu filho Sir Ricardo Grey foram levados para o castelo de Pontefract, onde ficaram algum tempo. Ricardo Grey era meio-irmão de Eduardo e poderoso no País de Gales. Era vários anos mais velho que Eduardo V e fora um mentor para o menino. No período em que esteve preso, suas terras e títulos foram concedidos a outros, e em 25 de junho de 1483 ele e o pai foram executados por ordem de Ricardo de Gloucester, que logo subiria ao trono como Ricardo III.

Ao saber que o filho fora capturado, Elizabeth Woodville levou os outros filhos, inclusive Ricardo, duque de York, para a

Página ao lado: Depois de interceptar o jovem Eduardo, príncipe de Gales, Ricardo de Gloucester o escoltou até a capital. Como era o regente nomeado, quem não soubesse que a escolta original de Eduardo fora aprisionada não veria nada errado.

Acima: Elizabeth Woodville estava numa situação difícil, ainda que sob proteção. Seu poder vinha do marido e do controle do herdeiro. Com um deles morto e o outro aprisionado, não podia ter certeza dos motivos de ninguém.

Página ao lado: Elizabeth Woodville concordou em permitir que Ricardo, o filho mais novo, se unisse ao irmão Eduardo na Torre de Londres. Até então, a vida de Eduardo estava bastante segura, porque eliminá-lo deixaria o irmão como herdeiro.

proteção da Abadia de Westminster. Foi um passo sensato que tornava inútil ferir Eduardo enquanto Ricardo, o irmão mais novo, estivesse em segurança.

Na verdade, Elizabeth Woodville recebeu de Hastings uma mensagem dizendo que, se Ricardo de Gloucester tentasse coroar como rei qualquer um que não fosse Eduardo, Ricardo, duque de York, seria coroado em desafio. A conclusão era de que Hastings e outros se disporiam a lutar para ver a sucessão avançar como determinado pelo direito de nascença.

Essa posição não surpreende; Hastings foi amigo vitalício de Eduardo IV e, provavelmente, veria como traição contra sua memória a tentativa de substituir seu filho no trono. Portanto, embora simpatizasse com Ricardo de Gloucester, ele escolheu o lado dos Woodville, ainda que sempre tivesse se oposto a eles Mais uma vez, isso não surpreende; os Woodville trabalhavam "dentro do sistema", mesmo que Hastings os desaprovasse, enquanto depor o jovem Eduardo e tomar-lhe a coroa seria algo bem diferente.

A família Woodville permaneceu refugiada em Westminster, e o jovem Ricardo, duque de York, com eles, até que Elizabeth Woodville foi convencida a permitir que Ricardo fosse levado à Torre. A razão ostensiva era que o irmão Eduardo estava triste por não ter com quem brincar, e a presença do irmão seria um grande consolo para ele.

188 A GUERRA DAS ROSAS

À esquerda: Hastings se tornou um obstáculo à pretensão de Ricardo ao trono, e foi rapidamente removido com sua prisão e execução. Um grande julgamento provavelmente seria indesejável; Ricardo queria tomar o poder da forma mais discreta possível para evitar mais oposição.

A tentativa de Ricardo assumir o trono

Embora os planos de Ricardo de Gloucester de usurpar o trono estivessem bem avançados, os preparativos para a coroação de Eduardo, príncipe de Gales, continuaram. É presumível que o simulacro de coroação de Eduardo tenha continuado como disfarce até que Ricardo estivesse pronto para agir, de modo que a data marcada de 22 de junho seria o momento em que teria de revelar seu plano ou mudá-lo.

Para se assegurar do sucesso do plano, Ricardo de Gloucester precisava remover seus adversários de posições que lhes permitissem interferir. Com esse fim, em 13 e 14 de junho ele convocou um conselho no qual apresentou uma denúncia contra Elizabeth Woodville e Jane Shore, que fora amante tanto de Eduardo IV quanto de Hastings. As mulheres foram acusadas de feitiçaria, o que Gloucester supostamente "provou" mostrando ao conselho seu braço atrofiado. Hastings foi acusado de traição, preso e sumariamente

Na época, não havia razão para supor que aconteceria algo de mau com os meninos; os preparativos para a coroação de Eduardo estavam em andamento.

No entanto, os meninos tiveram um destino misterioso em algum momento de seu cativeiro. Em geral, supõe-se que foram assassinados, embora não se saiba por ordem de quem.

decapitado. Lorde Stanley e John Morton, arcebispo de Canterbury, também foram presos. Ao ser preso, lorde Stanley foi ferido por um dos homens de Gloucester, que o golpeou por razões desconhecidas. Stanley não ficou muito tempo preso, embora tivesse sido defensor do cativo Eduardo V, e recebeu de Gloucester um alto cargo.

Depois disso, Ricardo de Gloucester praticamente controlou a situação em Londres. Em 22 de junho, dia marcado para a coroação de Eduardo, foi anunciado que os filhos de Eduardo IV e Elizabeth Woodville eram ilegítimos. O pretexto um tanto frágil era que Eduardo IV estava noivo de Leonor Talbot antes de conhecer Elizabeth Woodville, e assim seu casamento foi declarado inválido. Com isso, seus filhos seriam bastardos e, portanto, não poderiam herdar o trono.

Com o direito de Eduardo, príncipe de Gales (e de seu irmão mais novo, Ricardo de York), à sucessão assim eliminado, o próximo da linha era, naturalmente, Ricardo de Gloucester, irmão sobrevivente de Eduardo IV. Em 6 de julho, ele foi coroado Ricardo III da Inglaterra e, pouco tempo depois, começou uma ronda real. Tendo conseguido tornar-se rei, agora Ricardo precisava assegurar sua posição e cuidar de quaisquer desafios que surgissem.

Abaixo: Ricardo de Gloucester criou circunstâncias nas quais seria lógico, pelo menos na aparência, que a coroa tinha de lhe ser oferecida. Ele fez uma demonstração simbólica de relutância que não convenceu todos os presentes.

OS PRÍNCIPES DA TORRE

POUCO DEPOIS DA morte de Eduardo IV, seu filho Eduardo, príncipe de Gales, foi convocado a Londres para ser coroado. Interceptado por Ricardo de Gloucester, Eduardo foi levado à Torre de Londres e aprisionado. Durante algum tempo, manteve-se a ficção bem educada de que Eduardo estava sendo protegido enquanto se tomavam providências para sua coroação, embora não se saiba até que ponto isso era aceito.

Ricardo, duque de York e irmão de Eduardo, na época com 9 anos, foi levado para junto dele pouco depois. Ricardo se refugiara na Abadia de Westminster com a mãe e as irmãs, mas foi convencido a se entregar à proteção de Ricardo de Gloucester, Lorde Protetor do reino e tio dos meninos. Ricardo serviria de companhia ao irmão, que estaria solitário em seu confinamento.

Em algum momento depois da coroação de Ricardo de Gloucester como Ricardo III da Inglaterra, os meninos desapareceram. Em 1674, a descoberta de dois esqueletos por operários deu credibilidade à ideia de que tinham sido secretamente assassinados e sepultados no terreno da Torre de Londres, embora não haja provas definitivas de que isso tenha ocorrido. Afirmou-se, e hoje alguns ainda acreditam, que um dos meninos ou ambos escaparam do cativeiro. De acordo com Sir Tomás More, os príncipes foram assassinados por ordem de Ricardo III, presumivelmente para remover qualquer oposição a seu reinado que pudesse surgir em torno deles. More afirma que Sir Robert Brackenbury, condestável da Torre, recebeu ordens de matar os meninos e se recusou a cumpri-la, mas não pôde fugir à ordem de entregar as chaves a Sir James Tyrell. Tyrell era um leal partidário de Ricardo III e lutara com distinção a seu lado na Escócia. Foi promovido a um alto cargo por Ricardo III, mas isso não é, necessariamente, uma recompensa por ter sido o agente do homicídio real. Alguns sugeriram que Tyrell se livrou dos príncipes mais tarde, por ordem de Henrique VII. Ele serviu a Henrique VII em altos cargos, embora acabasse preso na Torre por traição e decapitado. Tyrell confessou o assassinato dos príncipes antes da execução.

À esquerda: A história dos "príncipes da torre" é usada por muitos para manchar seu vilão preferido. Seja o que for que aconteceu, os meninos foram vítimas da realidade da época; a posição elevada trazia consigo riscos graves, mesmo para inocentes.

Se o relato de Tomás More estiver correto, em algum momento do final de 1483 Tyrell deu acesso às acomodações dos meninos aos homens encarregados de matá-los. Eles foram sufocados com travesseiros, e depois os corpos foram secretamente enterrados. Em geral aceita-se esse relato, embora não haja provas. Na verdade, existe a possibilidade de que os meninos não tenham sido mortos. É possível que um deles ou os dois tenham morrido de causas naturais, o que não era raro no período, ou que as afirmações de que fugiram sejam mesmo verdadeiras. Dois pretendentes ao trono afirmaram ser Ricardo, duque de York, e basearam sua pretensão na história da fuga do cativeiro. Pelo menos uma dessas histórias tem de ser falsa, mas houve algum apoio a elas por parte dos que conheciam os príncipes.

Considerados todos os fatores, parece provável que os meninos tenham mesmo sido mortos quando estavam na Torre de Londres. No entanto, não se sabe exatamente quem ordenou o homicídio. Provavelmente Ricardo III teria mais a ganhar com o ato, mas pode ter sido um de seus subordinados agindo por conta própria ou Henrique VII. Este mandou executar alguns potenciais adversários quando subiu ao trono, e é possível que tirasse os príncipes da equação para assegurar que não houvesse ameaças a seu reinado. Dada a turbulência das décadas anteriores, esse passo seria prudente, mas, novamente, nada se pode provar.

A rebelião de Buckingham

Considera-se geralmente que Henrique Stafford, duque de Buckingham, comandou o levante contra Ricardo III ocorrido no final de 1483. Ele era um homem importante e poderosíssimo que, pelo lado materno, descendia de João de Gante e era casado com Catherine Woodville, irmã da rainha. O pai e o avô de Buckingham tinham morrido em combate, lutando pela Casa de Lancaster, mas a linha divisória York/Lancaster estava se tornando menos relevante com o surgimento de uma nova realidade política. Ele ajudou Ricardo de Gloucester a capturar Eduardo, príncipe de Gales, e foi bem recompensado com vários altos cargos. Portanto, sua lealdade a Ricardo III deveria ser considerável. Sem dúvida assim parecia em 24 de junho de 1483, quando fez um discurso eloquente a favor da coroação de Ricardo.

Parece que Buckingham logo se desentendeu com o reinado de Ricardo e deixou a corte em agosto de 1483. É possível que tenha sido influenciado por John Morton, arcebispo de Canterbury. Este fora preso ao mesmo tempo que Hastings e colocado sob a supervisão de Buckingham. Mas, nesse período, Buckingham voltou-se contra Ricardo e passou a se corresponder com Elizabeth Woodville. Ele também conspirou com Henrique Tudor, que na época se preparava para desembarcar na Inglaterra com seus seguidores.

Abaixo: A rebelião de Henrique, duque de Buckingham, foi uma das várias revoltas surgidas na época turbulenta da Guerra das Rosas mas que não faziam parte do conflito York/Lancaster propriamente dito. Em 1483, as antigas facções eram cada vez mais irrelevantes.

Buckingham planejava comandar um levante que coincidiria com a chegada de Henrique Tudor, mas desde o começo seus planos deram errado. A frota de Henrique Tudor não conseguiu atravessar o canal devido às tempestades, e uma inundação impediu o exército de Buckingham de atravessar o Rio Severn e entrar na Inglaterra. A rebelião se desfez e o exército de Buckingham se desintegrou. Ele tentou fugir, mas foi traído e, subsequentemente, executado em 2 de novembro de 1483.

> "A rebelião se desfez e o exército de Buckingham se desintegrou. Ele tentou fugir, mas foi traído e, subsequentemente, executado."

Henrique Tudor desembarca na Inglaterra

Henrique Tudor nasceu em 1457. Não conheceu o pai, morto alguns meses antes de seu nascimento, e teve uma infância com-

Acima: A revolta de Buckingham foi frustrada principalmente pela água. Seu exército não conseguiu atravessar a cheia do Rio Severn, e forças que viriam pelo canal da Mancha foram forçadas a voltar ao porto pelas tempestades. A rebelião então desmoronou sem um só golpe.

plicada. Foi protegido da melhor maneira possível, sendo levado de castelo em castelo no País de Gales, mas durante boa parte do tempo esses castelos ficaram sob sítio. Seu tio Jasper Tudor fez o que pôde para proteger o jovem Henrique e, finalmente, tornou-se seu tutor em questões militares.

Henrique Tudor era filho de Edmundo de Hadham, cujo pai, Owen Tudor, se casara com Catarina de Valois, viúva de Henrique V. O pai era meio-irmão de Henrique VI, mas muito mais próximo do trono francês do que do inglês. Na verdade, o direito de Henrique Tudor ao trono da Inglaterra era bastante tênue, mesmo sem complicações jurídicas. Sua pretensão se baseava na descendência de Eduardo III, por meio de João de Gante e Katherine Swynford, sua terceira esposa. Antes do casamento, os dois tiveram vários filhos, legitimados pelo matrimônio mas, juridicamente, fora da sucessão. Os adversários afirmavam que isso invalidava a pretensão de Henrique Tudor; os partidários decidiram que não importava.

É provável que a facção yorkista também achasse que a pretensão de Henrique Tudor fosse tão fraca que não importava. Eles não fizeram nenhuma tentativa especial de eliminá-lo, nem quando, com 4 anos, ele foi capturado na queda do castelo de Pembroke. Recebeu instrução no cativeiro e não foi maltratado. Continuou prisioneiro até a restauração de Henrique VI, e então foi levado à corte

No centro: O jovem Henrique Tudor era desdenhado como um "zé-ninguém". Isso se devia, em parte, à fraqueza de sua pretensão ao trono e, em parte, por ter crescido muito afastado dos centros de poder.

pelo tio Jasper Tudor. O retorno de Eduardo IV forçou ambos a fugirem para a Bretanha.

Apesar de parente distante com irregularidades jurídicas em sua pretensão, em 1483 Henrique Tudor era o melhor candidato lancastriano remanescente, já que muitos herdeiros tinham morrido em combate ou sido executados nas décadas precedentes. A situação política instável causada pela tomada do trono por Ricardo III criou uma oportunidade que poderia ser aproveitada. A primeira tentativa, iniciada em 1483 com o apoio de Francisco II, duque da Bretanha, fracassou quando o mar revolto forçou a frota de Henrique a voltar ao porto.

O colapso total da rebelião comandada pelo duque de Buckingham privou Henrique Tudor de apoio já pronto na Inglaterra e atrapalhou consideravelmente seus planos. No entanto, ele tinha o apoio da família Woodville e um acordo pelo qual, se conseguisse tomar a coroa da Inglaterra, se casaria com Elizabeth de York. Isso legitimaria, além de qualquer dúvida, sua pretensão ao trono e, esperava-se, cimentaria o apoio dos nobres. Como mostraram fatos anteriores, uma coisa era ocupar o trono, outra bem diferente mantê-lo.

À esquerda: Henrique Tudor preferiu desembarcar em Gales, onde pelo menos poderia esperar algum apoio popular e cujo terreno ele conhecia. Era menos provável que a região estivesse sob firme controle real do que boa parte da Inglaterra. A placa diz: Henrique Tudor, conde de Richmond, chegou à Baía Mill em 7 de agosto de 1485, e seus 55 navios e 4.000 homens desembarcaram em Dale. Ele viajou pelo oeste de Gales, obteve apoio e seguiu para o leste. Em 22 de agosto de 1485, Henrique derrotou Ricardo III na batalha de Bosworth e se tornou rei Henrique VII, fundador da dinastia Tudor. Do outro lado, o texto se repete em galês.

> "Henrique Tudor recebia reforços continuamente, embora em pequeno número, pois nobres insatisfeitos se juntavam com sua guarda pessoal à hoste lancastriana."

Ricardo III tentou frustrar os planos de Henrique Tudor coagindo o duque Francisco a entregá-lo. Prudentemente, Henrique e seus partidários mais próximos se mudaram para a França, onde receberam extenso apoio. Isso permitiu que Henrique formasse um exército modesto, principalmente com soldados franceses e espanhóis, e desembarcasse no porto de Milford, no País de Gales, em 7 de agosto de 1485. Assim que Henrique chegou, uma força significativa de galeses se uniu a ele; muitos nobres ingleses insatisfeitos com o reinado de Ricardo III também apoiaram sua causa, antes ou depois de sua partida da França. Isso lhe deu a possibilidade de derrotar Ricardo III em combate, mas só se agisse depressa. Toda a força de Henrique Tudor estava em jogo, enquanto Ricardo tinha reforços que poderiam ser convocados em outras regiões e conseguiria mais soldados se a campanha se prolongasse.

Henrique Tudor marchou para Shrewsbury e depois para Tamworth, aonde chegou em 18 de agosto. No dia 20, foi para Atherstone, enquanto o exército real, comandado por Ricardo III, acampava em Bosworth no dia 21. No dia seguinte, os dois exércitos se chocaram entre Bosworth e Atherstone.

A batalha de Bosworth

Ricardo III comandava uma força com certa vantagem numérica sobre os inimigos, mas tinha motivos para preocupação. Henrique Tudor recebia reforços continuamente, embora em pequeno número, pois nobres insatisfeitos se juntavam com sua guarda pessoal à hoste lancastriana. Embora Ricardo tivesse reforços à disposição, eles demorariam para chegar, e ele não tinha certeza de que seu exército manteria o espírito combativo por muito tempo. Portanto, precisava de uma batalha decisiva o mais depressa possível.

Ricardo organizou seu exército nos três batalhões costumeiros. Ele comandava o centro, com a esquerda sob Henrique Percy,

Abaixo: O confronto no campo de Bosworth começou num clima de paranoia e traição. Ricardo III não tinha certeza de quais de seus partidários leais lutariam, enquanto Henrique Tudor, pelo menos, sabia quem estava ou não de seu lado.

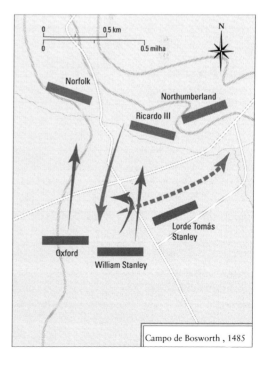

Campo de Bosworth, 1485

Acima: Os dois exércitos se aproximaram na véspera da batalha, mas não se engajaram de imediato. Os estrategistas medievais preferiam aguardar o amanhecer e travar uma ação decisiva em vez de arriscar tudo numa luta selvagem na escuridão.

conde de Northumberland, e a direita sob João Howard, duque de Norfolk. Uma força adicional comandada por Tomás, lorde Stanley, estava por perto, mas Ricardo não tinha certeza de suas intenções. Ele desconfiava que Stanley o trairia (e acertou, nesse caso) e mantinha refém seu filho para garantir seu bom comportamento. Stanley já ficara preso uma vez na Torre de Londres, juntamente com Hastings, mas fora solto e recebera grandes responsabilidades. Essa confiança acabou se mostrando inadequada; lorde Stanley e o irmão Sir William Stanley tinham negociado com Henrique, embora não unissem forças abertamente naquele momento. Portanto, nenhum comandante tinha certeza do que os Stanley fariam, e ambos os lados tinham razões para acreditar que poderiam contar com sua ajuda quando a batalha começasse.

Henrique Tudor sabia que lhe faltava experiência para enfrentar Ricardo III e decidiu assumir o comando da reserva e não da batalha. Sua força se organizou com a infantaria no centro, comandada por João de Vere, conde de Oxford, e a cavalaria nos flancos. Oxford, reconhecendo que estava em desvantagem numérica, ordenou que os soldados ficassem a dez passos dos estandartes. Assim, garantia que a força não se desfaria e teria uma massa densa para apresentar ao inimigo.

Os dois exércitos puseram em campo um corpo avançado de arqueiros para importunar o inimigo e, como de costume, a batalha começou com troca de flechas e um canhoneio ineficaz. Henrique Tudor escolheu atacar, apesar da desvantagem numérica. Sua tropa se esforçou para atravessar o charco diante da posição inimiga e foi alvejada pela artilharia de Ricardo. Enquanto isso, este mandou a lorde Stanley a ordem de entrar em combate imediatamente, seguindo-a com a instrução de executar o filho de Stanley caso ele não obedecesse. Essa ordem também não foi obedecida, e os carrascos, talvez por prudência, esperaram ver quem venceria

Abaixo: Com seu exército em desintegração ou se recusando a entrar em combate (talvez prestes a traí-lo), Ricardo III apostou tudo numa investida diretamente contra Henrique Tudor. Sua carga ousada o deixou perto do inimigo, mas acabou malsucedida.

o combate antes de se tornarem responsáveis pela morte do filho de um nobre potencialmente vitorioso. Enquanto isso, o batalhão de Norfolk atacou o exército Tudor, embora alguns de seus soldados parecessem muito relutantes em lutar. Isso fez Oxford avançar com mais ousadia e provocar um feroz combate corpo a corpo.

Ricardo III mandou reforços a Norfolk, mas mesmo com essa ajuda o exército real pouco conseguiu avançar. O próprio Norfolk foi morto, e seu batalhão recuou. Northumberland ainda não entrara na luta, embora tivesse recebido a ordem de Ricardo.

Abaixo: Representação bastante romantizada da morte de Ricardo III. Mais tarde seu corpo foi mutilado, depois de retirada a armadura, e levado para Leicester. Ele foi sepultado na igreja dos Greyfriars (frades cinzentos ou franciscanos menores) e não num túmulo real.

Ele afirmou que sua tropa precisava permanecer em posição para enfrentar qualquer movimento dos Stanley. Quer fosse verdade, quer não, isso tirou da equação um terço do exército real.

Por si só, isso talvez não assegurasse a derrota de Ricardo III, mas ele já desconfiava da traição dos Stanley; estava disposto a acreditar que Northumberland também o traíra. Mas ainda havia uma probabilidade de vencer. A escolta de Henrique Tudor se deslocava rumo à posição dos Stanley, e podia estar longe demais para ser auxiliada. Ricardo comandou sua guarda pessoal, com cerca de oitenta cavaleiros, numa carga contra a escolta de Henrique, na esperança de matá-lo e conseguir uma vitória decisiva. O ataque de Ricardo foi vigoroso e, a princípio, bem-sucedido; de acordo com alguns relatos, ele mesmo matou o porta-estandarte de Henrique Tudor e lutou direta-

Acima: De acordo com muitas versões da história, a coroa foi tirada de Ricardo III e escondida num pilriteiro por um saqueador, mas encontrada em seguida e entregue a Henrique Tudor. Então Henrique foi saudado pelo exército vitorioso como rei Henrique VII.

mente com Henrique por algum tempo. No entanto, nisso lorde Stanley entrou em combate ao lado de Henrique Tudor, e a guarda de Ricardo foi cercada.

Embora consciente de que fora derrotado, ou talvez porque soubesse disso, Ricardo III se recusou a fugir do campo de batalha. Alguns relatos o descrevem rechaçando os que tentaram lhe entregar um cavalo para que montasse e escapasse, afirmando que pretendia morrer como rei da Inglaterra. Pode ter sido uma teimosia incrível, pura coragem, desespero heroico por ter sido completamente traído ou a percepção de que fugir significava ser humilhado e executado em algum momento futuro; qualquer que fosse a razão, Ricardo III manteve sua posição e lutou até a morte.

> "Relatos o descrevem rechaçando os que tentaram lhe entregar um cavalo para que montasse e escapasse, afirmando que pretendia morrer como rei da Inglaterra."

O exército real se desintegrou e foi perseguido, mas sem muito entusiasmo. A coroa de Ricardo foi encontrada e entregue a Henrique Tudor, proclamado rei da Inglaterra por direito de conquista. Henrique Percy foi preso, mas logo libertado e promovido a um alto cargo, enquanto lorde Stanley recebia o condado de Derby por seus serviços.

Henrique VII
Henrique Tudor foi coroado Henrique VII da Inglaterra em 30 de outubro de 1485 e se casou com Elizabeth de York, como prometido, em 18 de janeiro de 1486. Assim se criou a dinastia Tudor, cujo símbolo era uma rosa vermelha e branca, e que, em essência, deu fim à Guerra das Rosas. Na verdade, a divisão tradicional entre as casas de York e Lancaster se tornara muito menos importante. Embora Henrique fosse lancastriano e Ricardo III, yorkista, muitos que se uniram ao estandarte de Henrique quando ele desembarcou na Inglaterra eram yorkistas.

Henrique VII tomou várias providências políticas e jurídicas para cimentar seu controle do país. Repeliu a declaração de que o casamento de Eduardo IV era inválido, o que fez sua esposa Elizabeth de York voltar a ser filha legítima do rei e da rainha. Também concretizou a pretensão ao trono de seus filhos com Elizabeth e impediu quaisquer novas disputas sobre quem tinha mais direito à sucessão. Henrique também declarou que seu reinado começara em 21 de agosto de 1485. Isso significava que quem ficara contra ele em Bosworth se transformaria em traidor no dia seguinte; desse modo, suas terras e títulos poderiam ser retomados e passados para os partidários de Henrique. No entanto, essa medida foi usada com comedimento; Henrique perdoou muitos que tinham erguido armas contra ele e declarou, logo depois da coroação, que quem lhe jurasse vassalagem não sofreria pela participação no conflito recente.

Mas houve os que não foram perdoados. Entre eles estava o filho de Jorge, duque de Clarence. Embora com apenas 10 anos, o menino Eduardo, conde de Warwick, era uma possível ameaça caso houvesse uma conspiração a seu favor. Ele ficou preso na Torre de Londres de 1485 a 1499, quando foi julgado por traição. Alegou-se que Warwick conspirara dentro da Torre. Ele se de-

Acima: Vitrais que representam membros importantes da família Tudor, como Henrique VII e Jasper Tudor. Este último recuperou o título de conde de Pembroke e foi promovido a duque de Bedford pelo apoio inabalável a Henrique.

clarou culpado e foi decapitado, dando fim à linha masculina dos Plantageneta.

Apesar dessas medidas e das leis sancionadas por Henrique VII para reduzir a capacidade da alta nobreza de criar exércitos particulares, seu reinado enfrentou rebeliões em vários momentos. A primeira, encabeçada pelo visconde Lovell e pelos irmãos Humphrey e Tomás Stafford, foi um fiasco. O visconde Lovell tentou uma rebelião em 1486, mas parece que perdeu a coragem e fugiu para a Borgonha. Os irmãos Stafford provocaram alguma agitação, que se desfez quase imediatamente. Eles aproveitaram o costume de fugir à justiça buscando proteção na Abadia de Tewkesbury, mas assim mesmo foram presos à força. Isso provocou protestos do Papa e levou a um acordo segundo o qual a proteção não se estenderia a traidores da Coroa.

O próximo grande desafio ocorreu em 1487, quando um certo Lambert Simnel afirmou ser o cativo Eduardo, conde de Warwick. Membros da nobreza irlandesa o apoiavam, juntamente com o visconde Lovell e João de la Pole, conde de Lincoln. O impostor foi coroado Eduardo VI da Irlanda e desembarcou na Inglaterra com um exército de mercenários alemães. Henrique VII comandou pessoalmente seu exército contra os rebeldes, cujo contingente mercenário era muito hábil, mas estava em desvantagem numérica. Costuma-se considerar que a resultante batalha de Stoke seja a última ação da Guerra das Rosas, embora, com razão, aquele período já tivesse terminado; as rebeliões eram contrárias à nova dinastia Tudor. Os rebeldes foram esmagados e Lambert Simnel foi preso. No entanto, em vez de executado, como era comum acontecer com traidores da Coroa, ele foi posto a trabalhar: Henrique VII lhe deu emprego na cozinha real, já que, obviamente, era apenas um testa de ferro.

RICARDO III

Nascido em outubro de 1452 e filho caçula de Ricardo Plantageneta, duque de York, Ricardo de Gloucester é um personagem controvertido na história inglesa. Foi muito vilipendiado com o passar dos anos, principalmente pela peça de Shakespeare. Isso não surpreende. Shakespeare escrevia numa Inglaterra governada pelos Tudor, e Ricardo III era o rei que tiveram de depor para ocupar o trono. *Ricardo III*, de Shakespeare, é mais conhecida do que a história real da época, e isso pode tingir a percepção até de historiadores sérios.

Ricardo III foi um grande nobre de seu tempo. Pode ter ou não ordenado o assassinato dos "príncipes da Torre", mas sem dúvida mandou matar outros a sangue frio. Para o observador moderno, suas ações podem parecer cruéis e até malvadas, mas ele não foi diferente de outros monarcas. Ricardo de Gloucester, mais tarde Ricardo III, vivia numa época de traição e violência e adotou medidas para assegurar sua sobrevivência, além de promover sua ambição. Isso não o diferencia de outros monarcas que agiram mais ou menos do mesmo modo pelas mesmas razões na mesma época.

A questão da deformidade de Ricardo III confundiu os historiadores durante muitos anos. Ele costuma ser retratado como um corcunda disforme, e foi registrado que tinha um braço atrofiado. Em certo momento, ele afirmou que esse braço resultara de cruel feitiçaria praticada contra ele por seus inimigos, mas o mais provável é que resultasse da coluna deformada. Longe de ser um corcunda coxo, Ricardo III, com armadura completa,

À esquerda: Ricardo III (representado aqui por Laurence Olivier) costuma ser associado ao vilão corcunda criado por Shakespeare. É claro que o bardo produzia suas peças numa época dominada pelos que derrubaram Ricardo. Portanto, era improvável que o rei recebesse tratamento favorável da ficção daquele tempo.

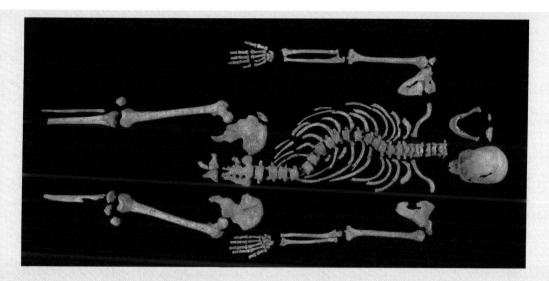

Acima: A descoberta do corpo de Ricardo III resolveu finalmente a questão de sua "corcunda". Ele realmente sofria de uma curvatura da espinha, mas ainda assim era um indivíduo fisicamente apto e capaz de combater com eficiência usando armadura completa.

era capaz de brandir uma acha de armas com as duas mãos. Ele lutou em várias batalhas e era habilidoso a ponto de vencer outros guerreiros que, presumivelmente, não sofriam de nenhuma deformidade da coluna. Portanto, a imperfeição física não o impediu de ser um guerreiro formidável. Os defensores de Ricardo III afirmaram durante muito tempo que sua deformidade era pura invenção. A verdade, como acontece com frequência, fica entre as duas versões. A descoberta do corpo de Ricardo III em 2012 e o estudo de seu esqueleto indicaram que ele sofria de uma curvatura bastante grave da coluna, mas não havia indícios de atrofia do braço. O corpo revelava ferimentos graves, alguns claramente infligidos após a morte. Provavelmente, Ricardo III morreu de um ferimento na cabeça provocado por uma arma cortante e pesada, com outros ferimentos infligidos como forma de humilhação do cadáver. Alguns só poderiam ser recebidos após a remoção da armadura, o que não seria possível enquanto ele estivesse vivo e lutando. Depois de mutilado dessa maneira, o corpo de Ricardo III foi levado do campo de batalha na garupa de um cavalo e sepultado numa cova rasa na Igreja dos Greyfriars, em Leicester, na Inglaterra.

E lá ficou até ser recentemente descoberto. Os exames de DNA do esqueleto revelaram uma possível anomalia genética que significaria uma quebra na linhagem masculina. Isso levou a dúvidas de que alguns monarcas, como Henrique VI, Henrique VII e Henrique VIII, teriam sangue real e, portanto, direito a governar. As opiniões sobre sua vida continuam divididas. Ele era um homem implacável, mas provavelmente não diferia muito de outros nobres da época; era apenas mais poderoso do que a maioria. E sua reputação foi vilipendiada por um dos escritores mais influentes de todos os tempos. O maior crime de Ricardo III, se assim pode ser considerado, foi não estar do lado que escreveu os livros de história.

À direita: A Guerra das Rosas explodiu uma última vez quando Lambert Simnel, posando de último Plantageneta, formou um exército contra Henrique VII. Mesmo reforçado por mercenários estrangeiros, o exército rebelde foi derrotado pelo rei.

Depois de 1490, outro impostor, chamado Perkin Warbeck, começou a incomodar. Ele foi convencido por adversários de Henrique VII a se dizer Ricardo, duque de York. Supunha-se que este último tivesse sido assassinado na Torre de Londres, mas havia os que insistiam que ele fugira, e Warbeck conseguiu aproveitar essa crença com algum sucesso.

> "Perkin Warbeck fez várias incursões na Inglaterra na esperança de provocar revoltas, embora sem muito sucesso."

Ele recebeu apoio de vários nobres exilados ou potências estrangeiras que se opunham ao reinado de Henrique VII, principalmente Margarida, duquesa da Borgonha. A França e a Escócia também o apoiaram, embora não se saiba se realmente acreditavam que fosse quem afirmava ser; é possível que só quisessem causar problemas para a monarquia inglesa como parte das intermináveis maquinações que caracterizavam a política da época.

Perkin Warbeck fez várias incursões na Inglaterra na esperança de provocar revoltas, embora sem muito sucesso. Sua visita à Escócia em 1497 encorajou os escoceses a atacarem a Inglaterra e, para pagar pelo conflito, Henrique VII cobrou impostos. Isso, por sua vez, levou a população da Cornualha a se revoltar. Warbeck se uniu aos rebeldes que marcharam contra Londres.

Acima: A misericórdia de Henrique VII para com Lambert Simnel pode ter sido um modo inteligente de mostrar ao mundo que ele era mesmo um impostor. Nenhum grande nobre aceitaria um emprego na cozinha; a aceitação de Simnel confirmava que não era Eduardo, conde de Warwick.

Eram cerca de dezesseis mil homens quando receberam o apoio de James Touchet, barão Audley. Este assumiu o comando, já que era o único homem entre os rebeldes que tinha alguma ideia de como liderar uma força de combate. Os rebeldes foram enfrentados por um exército real em Blackheath, a sudeste de Londres, onde, em termos táticos, foram completamente superados. Sem cavalaria nem artilharia, os rebeldes foram flanqueados e atacados tanto pela frente quanto pela retaguarda, mas mesmo assim ofereceram combate obstinado. Depois, Audley e alguns líderes rebeldes foram considerados culpados de traição. Devido ao título, Audley teve a sorte de ser decapitado, enquanto os plebeus foram enforcados, arrastados e esquartejados. A imensa maioria dos rebeldes foi perdoada, mas não Perkin Warbeck. Ele desertara seus seguidores antes da batalha de Blackheath, mas depois se rendeu. Mais tarde, foi acusado de conspirar com o cativo Eduardo, conde de Warwick, e enforcado em 1499.

O governo de Henrique VII não foi gravemente ameaçado por essas rebeliões e, ao reduzir as tropas privadas que a nobreza poderia manter, ele assegurou seu poder enfraquecendo os nobres. Henrique também implantou medidas tributárias mais eficazes e aumentou o controle da economia do reino, dando início a uma época que, se não foi próspera, pelo menos teve estabilidade financeira. Aparentemente, seu casamento com Elizabeth de York foi feliz, embora manchado pela morte do primogênito Artur em 1502.

A morte de Elizabeth de York em 1503 deixou Henrique VII muito afetado e, apesar de vagos esforços na direção de outro casamento, ele não demonstrou muito entusiasmo. Morreu em 1509, deixando a Inglaterra muito mudada. A briga dinástica dos cinquenta anos anteriores finalmente terminara, e, quando coroado, Henrique VIII da Inglaterra, filho de Henrique VII, assumiu o controle de um reino muito mais forte e estável do que os reis ingleses tiveram durante muitos anos.

Abaixo: Perkin Warbeck foi atentamente vigiado depois da captura, mas não punido. Quando tentou fugir, foi recapturado e posto no pelourinho; mais tarde, acusado de nova conspiração, foi enforcado em novembro de 1499.

9
O LEGADO DA GUERRA DAS ROSAS

É comum considerar que o Renascimento começou na Inglaterra no final da Guerra das Rosas. É claro que essa é uma data convencionada e não uma indicação de mudança instantânea da sociedade, mas o retorno da estabilidade à Inglaterra permitiu que as ideias do Renascimento se consolidassem e começassem a dar frutos.

"Foi Henrique VIII quem ditou como a Inglaterra reagiria."

As batalhas da Guerra das Rosas podem ser consideradas os últimos choques verdadeiramente medievais; a nova tecnologia começou a predominar, e a natureza da guerra sofreu grandes mudanças no século seguinte.

A estabilidade também teve efeitos políticos. Além da capacidade óbvia de uma nação inglesa poderosa intervir em questões estrangeiras, o fim de uma época turbulenta também eliminou a oportunidade de potências estrangeiras se envolverem em aventuras na Inglaterra. Isso fez com que, em vez de apoiar uma ou outra facção inglesa na esperança de obter vantagens a longo prazo, a atenção dos monarcas europeus se voltou para outro lado. Nem sempre é possível ver o resultado de eventos negativos desse tipo, mas a ausência de conflitos internos ingleses em que pudessem se envolver teve consequências na política de outros países e, portanto, em seu alvo de atenção.

Henrique VII apresentou aos filhos, na corte de Greenwich, pensadores do Renascimento como Erasmo e Tomás More. Mais tarde, More serviu a Henrique VIII (acima) como assessor importante e acabou executado por ordem do rei.

Henrique VIII
Henrique VIII, segundo filho de Henrique VII da Inglaterra, reinou de 1509 a 1547.

À esquerda: O desejo de Henrique VIII de ter um herdeiro do sexo masculino não era simples vaidade; ele sabia o que podia acontecer ao reino se não houvesse uma linha clara de sucessão. Por sua vez, isso o levou a buscar uma esposa que pudesse lhe dar filhos fortes.

Foi uma época de grandes mudanças; na verdade, Henrique VIII provocou algumas delas. Outras aconteceriam de qualquer maneira, mas foi Henrique VIII quem ditou como a Inglaterra reagiria e, portanto, que efeitos teriam essas mudanças.

Não se esperava que Henrique herdasse o trono, mas a morte de Artur, seu irmão mais velho, em 1502 fez dele o herdeiro aparente. Quando subiu ao trono, ele não estava propriamente instruído para reinar e governar, mas aprendera algumas lições com a história recente. Entre elas estava a necessidade de uma sucessão clara, e essa seria a força motriz de fatos que mudaram o mundo. Quando jovem, Henrique era atlético e belicoso. Gostava de esportes, como justas e tênis real, e em geral é lembrado como um homem de grande vigor físico. No entanto, também tinha erudição e era um músico de talento, com muitos livros e instrumentos musicais. Nisso era um verdadeiro homem do Renascimento, embora o Renascimento demorasse para se espalhar na Inglaterra fora da corte real. Henrique também gostava do luxo, a ponto de exagerar, e gastava quantias imensas em espetáculos e torneios opulentos que rapidamente esgotaram o orçamento real. Suas guerras no exterior foram outro escoadouro de recursos.

Henrique VIII pode ou não ter visto como advertência o destino de Henrique VI, seu antecessor fraco e influenciável, mas não há dúvida de que foi o extremo oposto. Ele levou a um nível mais alto a ideia de que reis têm de ser decididos e adotou o conceito do direito divino dos reis, ou seja, que sua autoridade vinha diretamente de Deus. Para demonstrar esse apoio divino, ele foi o primeiro monarca inglês a usar a expressão "pela graça de Deus" em seu título.

Embora, sem dúvida alguma, houvesse um elemento egotista no desejo de um herdeiro masculino, Henrique VIII conhecia bem as consequências de uma disputa pela sucessão e queria impedi-las. Se sua sequência de esposas se devesse apenas a desejo ou amor, ele poderia tê-las mantido como amantes. Isso não era raro; várias mulheres ocuparam posição de destaque como amantes do monarca ou de seus assessores mais próximos. Henrique queria mais do que um relacionamento com as mulheres que desejava; queria uma esposa que pudesse lhe dar filhos legítimos.

A busca do herdeiro resultou em seis casamentos de Henrique e uma série de tramoias quando decidia se livrar das esposas. Como não podia se divorciar, tinha de eliminá-las de outra maneira caso o desagradassem por não produzir um herdeiro. Uma das esposas de Henrique morreu de causas naturais, uma lhe sobreviveu. Das outras quatro ele se livrou: duas foram decapitadas e dois casamentos foram anulados por razões bastante espúrias.

Isso pôs Henrique em conflito com o Papa, que não quis legitimar a anulação de seu matrimônio com Catarina de Aragão. Outro homem talvez evitasse questionar a autoridade que, na época, era a mais potente da face da Terra, mas Henrique decidiu romper com a Igreja Católica. Em última análise, isso levou à Reforma, à criação da Igreja Anglicana e a muitos anos de conflito entre católicos e protestantes na Inglaterra. Nesse ínterim, a dissolução dos mosteiros por Henrique deu à Coroa uma riqueza imensa em curto prazo e criou enorme mudança na natureza da religião da Inglaterra.

Depois de Henrique VIII

Na época de sua morte, em 1547, Henrique VIII não tinha herdeiro masculino adulto. Seu filho Eduardo, nascido de Jane Seymour, tinha 9 anos e não podia reinar por conta própria. Mais uma vez, a Inglaterra teve um Lorde Protetor, a princípio na pessoa de Eduardo Seymour, conde de Hertford. Eduardo VI foi coroado em 20 de fevereiro de 1547, com o poder real exercido por um conselho de regentes encabeçado pelo Lorde Protetor.

O reinado de Eduardo VI foi turbulento, com agitações e problemas financeiros, além de uma guerra com a Escócia. No entanto, não houve repetição das rixas dinásticas ocorridas durante a Guerra das Rosas, até que se descobriu que Eduardo estava fatalmente enfermo. Com apenas 15 anos, Eduardo VI morreu e foi sucedido, brevemente, por Lady Joana Grey. Ela era prima de Eduardo; suas meias-irmãs Maria e Elizabeth estavam mais próximas do trono, mas tinham sido afastadas da sucessão. Lady Joana Grey governou menos de duas semanas e foi deposta a favor de Maria, meia-irmã de Eduardo. Maria era filha de Henrique VIII e da primeira esposa, Catarina de Aragão, e fora excluída da sucessão por ser católica.

Sob o governo de Maria, foram tomadas providências para reverter a Reforma e conter o protestantismo na Inglaterra, com

À esquerda: Henrique VIII só teve um filho homem, coroado Eduardo VI aos 9 anos; mas o menino não viveu o suficiente para chegar à maioridade. Ele nomeou sua sucessora Lady Joana Grey, cujo reinado foi curtíssimo.

À esquerda: Lady Joana Grey foi deposta a favor de Maria, filha de Henrique VIII, e, no processo, condenada por traição. Poupada a princípio, foi executada em 1554 por ordem da rainha Maria; em essência, uma vítima inocente da política.

tamanho zelo que ela passou a ser chamada de "Bloody Mary" — Maria, a Sangrenta. Essa política foi suspensa depois da morte de Maria em 1558, quando sua meia-irmã Elisabete ocupou o trono. Elisabete era filha de Henrique VIII com a segunda esposa, Ana Bolena. Ela foi declarada ilegítima com a anulação do casamento da mãe com o rei e passou algum tempo presa por suspeita de apoiar os protestantes ingleses que se opunham à contrarreforma de Maria.

Elisabete I reinou de 1553 a 1603. Ela se esforçou para resolver as complexas questões religiosas que afligiam a Inglaterra e criou a base da moderna Igreja Anglicana. Foi durante seu reinado que o Renascimento verdadeiramente floresceu na Inglaterra, e a Idade Média ficou para trás. Por essa razão, quando se trata de uma época social e cultural, a palavra "elisabetano" tem, na Inglaterra, significado semelhante a "renascentista" num contexto mais amplo.

Embora não tenha se envolvido muito em guerras externas, Elisabete I apoiou rebeldes protestantes dos Países Baixos contra o domínio espanhol. Os piratas ingleses também atacaram navios espanhóis que voltavam do Novo Mundo, o que aumentou a antipatia entre a Inglaterra e o rei da Espanha. Finalmente, houve guerra, e, em 1588, Felipe II da Espanha enviou uma grande armada para invadir a Inglaterra. A frota foi derrotada pela marinha inglesa, mas a armada inglesa enviada em 1589 para atacar navios espanhóis teve péssimo desempenho. Ainda assim, Elisabete I foi uma governante forte que criou estabilidade e progresso social. Em geral, ela resolveu bem seus problemas, embora na época de sua morte em 1603 o país enfrentasse graves dificuldades financeiras e agitação significativa. Elisabete nunca se casou e, portanto, não teve herdeiros do trono.

Página ao lado: Elisabete I exerceu uma liderança forte e, em geral, bem-sucedida durante seu reinado, mas não deixou herdeiros. Com sua morte em 1603, a dinastia Tudor chegou ao fim, mas seu legado foi um reino muito mais forte e estável.

A rainha morreu em 1603, e com ela terminou a dinastia Tudor. O trono da Inglaterra passou para Jaime VI da Escócia, coroado como Jaime I da Inglaterra. Isso não aconteceu sem controvérsia, mas, novamente, não houve guerra civil como durante a Guerra das Rosas. A dinastia Tudor surgiu do caos e conseguiu devolver à Inglaterra certa medida de estabilidade muito necessária; tanto o conseguiu que essa nova estabilidade sobreviveu à família que a criou.

Os Tudor também foram responsáveis pela criação de uma marinha poderosa, que, durante séculos, seria a marca registrada e o instrumento do poder britânico, e da Igreja Anglicana, que criou uma forte nação protestante numa época de grande turbulência religiosa. As guerras religiosas que dilaceraram a Europa a partir da década de 1560 talvez tivessem rumo diferente se a Inglaterra continuasse católica. A situação do Novo Mundo também poderia ter sido outra se a Inglaterra não tivesse uma marinha poderosa e contrária à Espanha. A mesma marinha foi providencial na formação e na proteção do Império Britânico. Esses últimos eventos foram muito influenciados pelas ações da dinastia Tudor, que, por sua vez, se originaram na Guerra das Rosas.

Além de certo ponto, não é possível dizer como seriam os fatos se a Guerra das Rosas tivesse seguido um rumo diferente. E

Abaixo: A derrota da armada espanhola em 1588 deixou claro que a Inglaterra era uma potência naval importante. Isso teve consequências portentosas para a história mundial, principalmente na colonização das Américas e na corrida subsequente por possessões coloniais.

À esquerda: A ascensão de Jaime VI da Escócia ao trono da Inglaterra não aconteceu sem oposição. No entanto, os conflitos anteriores não se repetiram; a época das lutas dinásticas já acabara.

se lorde Stanley tivesse se unido a Ricardo III no campo de Bosworth e contribuído para derrotar Henrique Tudor? E se Henrique VI tivesse sido executado quando foi capturado pela primeira vez e houvesse outro candidato lancastriano? E se Ricardo de Gloucester tivesse escoltado o sobrinho a Londres e cuidado dele como Lorde Protetor em vez de tomar a coroa?

Isso permite algumas especulações muito interessantes sobre o rumo posterior dos fatos, mas tudo o que se pode dizer com certeza é que, desde a Guerra das Rosas, a história britânica nasce de um conjunto de circunstâncias muito específicas. Se alguma delas fosse mudada, o resultado seria muito diferente, e não é possível dizer como seria o mundo onde vivemos hoje.

História, ficção e imaginação

A Guerra das Rosas inspirou muitas obras de ficção. Algumas podem ser chamadas de "ficção histórica direta", ou seja, ambientada na narrativa histórica, com personagens reais retratados como eram (até onde é possível saber) e fatos ocorridos na mesma época e lugar e da maneira como se desenrolaram historicamente.

É possível tomar algumas liberdades com a história e ainda assim criar uma trama basicamente acurada. Portanto, alguns escritores extrapolaram enredos complexos a partir do pouco que se sabe sobre fatos históricos e mantiveram a plausibilidade assegurando que, quando há um evento registrado, a ficção se baseie nele. Mas preencher as lacunas enquanto se mantém a exatidão geral é apenas uma das abordagens da ficção histórica.

Personagens a mais podem ser inseridos nos relatos históricos sem deturpá-los. Afinal de contas, é comum a história registrar apenas o nome de alguns personagens importantes de grandes eventos. A presença de damas de companhia, espiões estrangeiros ou nobres menores fictícios não torna implausível a descrição dos fatos históricos, como aconteceria se um exército francês aparecesse de repente em Bosworth.

De acordo com o grau de afastamento da versão histórica, a ficção pode ser considerada pseudo-histórica ou alternativa. Peças, romances e filmes pseudo-históricos costumam ser inexatos, juntando pessoas que viveram a décadas de distância ou alterando fatos para obter um bom entrecho. Essas obras podem confundir quem não conhece bem o período, e os conceitos errôneos nascidos de uma obra de entretenimento popular podem se transformar em "fatos que todos sabem".

Acima: As peças de William Shakespeare eram os filmes de ação e as comédias românticas da época e, do mesmo modo, brincavam de forma frouxa e ligeira com a realidade histórica. Como se apresentava para a dinastia Tudor, ele tinha consciência da necessidade de retratar como vilões os inimigos da Coroa.

O propósito das obras pseudo-históricas é o entretenimento. Há quem goste de detalhes históricos exatos, e pode-se aprender muito sobre um período da história com ficção histórica precisa ou "correta", mas muita gente só quer se divertir. Normalmente, uma sensação geral de medievalismo e alguns nomes e lugares conhecidos são suficientes.

As peças de Shakespeare podem ser consideradas pseudo-históricas. Ele escrevia os campeões de bilheteria de Hollywood da época e não pensava em criar literatura clássica que seria estudada nos séculos futuros. Havia menos explosões e recursos tecnológicos como artifícios da trama, mas os princípios eram os mesmos: heróis e vilões, opções difíceis, tragédia e comédia e, é claro, empolgação. A representação que Shakespeare faz de Ricardo III, Henrique V e outros foi repetida, reinterpretada e reinventada tantas vezes que ficou na consciência coletiva, mas isso não significa que seja necessariamente acurada.

O retrato de personagens como Henrique VII e Ricardo III feito por Shakespeare e outras obras de ficção foi influenciado pela cultura da época. No período em que Shakespeare escreveu, os Tudor governavam a Inglaterra, e vilipendiar seus adversários provavelmente seria uma opção sensata. Também havia a necessidade de apresentar uma peça com personagens fáceis de identificar. Num romance talvez seja possível explorar as motivações complexas de um personagem, mas o teatro, para entreter, precisa apresentar personagens simples que o público consiga acompanhar.

O mesmo se aplica à ficção histórica alternativa, na qual algum fato muda o curso da história que conhecemos. Essas obras costumam envolver personagens históricos conhecidos, que podem ser retratados de forma bastante realista ou como o autor quiser que sejam. A ficção histórica alternativa não precisa se basear na realidade, embora a regra mais comum seja que tudo antes do grande evento que mudou a história seja igual, inclusive os personagens.

Personagens históricos também aparecem na ficção ambientada fora da História. Alguns romances de ficção científica apresentaram personagens históricos mandados para outros mundos ou para o futuro. O contrário, quando um viajante do tempo vai para uma época passada, fica entre esse conceito e a ficção histórica alternativa. Os fatos da Guerra das Rosas também influenciaram obras de ficção sem nenhuma pretensão de exatidão histórica. Muitos romances de fantasia e ficção científica se baseiam num período da história, a ponto de ser possível, para o leitor capaz de perceber o paralelo, prever o enredo com extraordinária precisão. Outras obras se inspiram, mas não são diretamente derivadas da História. Dessas, *As crônicas de gelo e fogo*, de George R. R. Martin, que na televisão virou *Games of Thrones*, é digna de menção especial. Esta série não é uma tradução direta da Guerra das Rosas num ambiente de fantasia. Não faria sentido; essa história já foi contada em numerosos livros. No entanto, a obra apresenta casas nobres em guerra, com nomes que soam estranhamente familiares, além de personagens que parecem paralelos a pessoas históricas. O conceito básico é bastante simples: a luta pelo controle de um reino dividido, na qual traição e dissimulação têm papel tão importante quanto as batalhas campais.

Fato ou ficção?

Pode ser que parte da atração dessas obras de imaginação ou contos inspirados em eventos históricos seja o fato de serem um pouco familiares. Soam verdadeiros porque casos parecidos já aconteceram. Ou talvez simplesmente boas histórias sejam sempre boas histórias. Seja como pura ficção parcialmente inspirada em eventos reais, seja como romance histórico tecido em torno de fatos reais, seja como narrativa histórica que descreva esses fatos, a Guerra das Rosas é mesmo um grande enredo.

Naquela época, a vida era extremamente desagradável e assustadora, mas importante em termos de resultado histórico. Continua a ser uma das épocas mais fascinantes para os estudiosos e os que apreciam a ficção histórica; parece até que as pessoas que viveram naquele tempo complicado ainda fazem sentir sua presença hoje em dia.

Acima: Os fatos da Guerra das Rosas influenciaram muito a história europeia e também a ficção moderna. *Game of Thrones* é um seriado de TV de extremo sucesso popular transmitido pelo canal HBO, derivado de *As crônicas de gelo e fogo*, de George R. R. Martin, que, segundo dizem, se inspirou na Guerra das Rosas.

Bibliografia

Baldwin, David. Stoke Field: The Last Battle of the Wars of the Roses. Pen and Sword, 2006.

Boardman, Andrew. The First Battle of St. Albans. Tempus, 2006.

Bradbury, Jim. The Routledge Companion to Medieval Warfare. Routledge, 2004.

Buckley, J. A. Who's Who of the Wars of the Roses. Penhellick Publications, 2002.

Cheetham, Anthony. The Wars of the Roses. Weidenfeld & Nicholson, 2000.

Cook, D. R. Lancastrians and the Yorkists: Wars of the Roses. Longman, 1984.

Evans, H. T. The Wars of the Roses. Sutton Publishing, 1998.

Goodman, Anthony. The Wars of the Roses: The Soldiers' Experience. Tempus, 2006.

Goodwin, George. Fatal Colours: the Battle of Towton 1461. Orion Publishing Group, 2011.

Gravett, Christopher. Bosworth 1485: The Last Charge of the Plantagenets. Osprey Publishing, 1999.

Haig, Philip A. Wakefield & Towton Battlefields: The Wars of the Roses. Pen & Sword Books, 2002.

Hammond, Peter W. The Battles of Barnet & Tewkesbury. Sutton Publishing, 1993

Hicks, Michael. The Wars of the Roses 1455-1485. Osprey Publishing, 2003.

Hutton, William. The Battle of Bosworth Field. Tempus, 1999.

Ross, Charles. The Wars of the Roses: A Concise History. Thames & Hudson, 1976.

Santiuste, David. Edward IV and the Wars of the Roses. Pen & Sword, 2010.

Wise, Terence. The Wars of the Roses. Osprey Publishing, 1983.

Créditos das Imagens

◆

AKG Images: 144/145 (Biblioteca Britânica)
Alamy: 11 (Lanmas), 18/19 (2d Alan King), 25 (Everett Collection), 30 (Classic Stock), 37 (World History Archive), 58 (Eric James), 60 (Walker Art Library), 65 (PB Archive), 66 (World History Archive), 69 (Pictorial Press), 78 (2d Alan King), 81 (Lautaro), 83 bottom (Chris Ferris), 84 (Angelo Hornak), 97 (Michael Jenner), 98/99 (2d Alan King), 102/103 (Ian Townsley), 105 (Ian Townsley), 116 top (Jeffrey Blackler), 120/121 (Stapleton Collection), 122/123 (GL Archive), 127 (Timewatch Images), 133 (Alan Dawson Photography), 141 (Peter Horree), 143 (Timewatch Images), 158 (Fine Art), 159 (World History Archive), 162 (Lebrecht), 180/181 (Yolanda Perera Sanchez), 182 (GL Archive), 187 (Timewatch Images), 194 bottom (Camera Lucida), 208 (Print Collector), 209 (Glasshouse Images), **211 (GL** Archive), 212 (Archive Images), 217 (Ben Molyneux)
Alamy/19th Era: 13, 22/23, 74, 118/119, 129, 156, 173, 186, 188
Alamy/Art Archive: 14, 136, 152, 160, 161, 191
Alamy/Classic Image: 53, 75, 88, 128, 135, 204/205
Alamy/Heritage Image Partnership: 28, 29, 34, 89, 154, 170/171, 172
Alamy/Colin Underhill: 6, 16, 83 top, 90, 132
Amber Books: 38
BARG, Ciências Arqueológicas, Universidade de Bradford: 123
Bridgeman Art Library: 86 (Look & Learn), 112, 134 (Look & Learn)
Corbis: 20 (Coleção Stapleton), 31 (Michael Freeman), 39 (Coleção Stapleton), 70 (Ashley Cooper), 138 (Print Collector), 199 (Bettmann), 202 (Hulton), 203 (Universidade de Leicester), 216 (Fine Art)
Dorling Kindersley: 87, 146/147
Dreamstime: 54/55 (Bridgetjones), 56/57 (Derek Proctor), 72/73 (Chris Moncrieff), 94/95 (Dennis Kelly), 107 (nixie), 109 (Georgios Kollidas), 116 bottom (Ermess), 124/125 (Darren Turner), 183 (Georgios Kollidas), 196/197 (Georgios Kollidas), 201 (Fulcanelli)
Mary Evans Picture Library: 1, 7, 8, 24 (Epic/Tallandier), 32, 33, 43, 44, 46-52 all, 55, 59, 62/63, 76/77, 79, 91, 94 top, 104, 106, 108, 111, 131, 137, 140, 142, 150, 155 (Douglas McCarthy), 157, 167, 169, 175, 176, 177, 179, 189, 192, 193, 194 top, 196, 206, 207, 210, 215
Fotolia/Georgios Kollidas: 12, 15, 178
Getty Images: 17 (Print Collector), 21 (Ben Stansall/AFP), 110 (Bridgeman Art Library)
Getty Images/De Agostini: 2, 85, 126, 151, 165
Getty Images/Hulton: 42, 71, 80, 130, 139, 149, 168, 185
Photos.com: 26/27, 64, 198, 213, 214
TopFoto: 45, 92 (Coleção Granger), 96 (Biblioteca Britânica), 100 (Biblioteca Britânica), **115** (Biblioteca Britânica), 147 (Coleção Granger)

ÍNDICE REMISSIVO

O número da página em *itálico* se refere à legenda das ilustrações

A
acha de armas 64
adaga de rodelas 116
adagas 116, *119*
Agincourt, batalha de (1415) *31, 38,* 38-41, 67
Albret, Charles d', condestável da França 41
Américas, as 8, *214*
Ana da França 136
arcebispos de Canterbury
    John Morton 189, 192
    Tomás Bourchier *89*
arcos longos *38,* 61-62
Armada Espanhola 10, 212, *214*
Armagnac, Bernardo, duque de 32
armadura 64, 67, 87, 126
armas
    acha de armas 64
    arcos longos *38,* 61-62
    adagas 116, *119*
    armas de fogo 67
    bisarmas 62-64, *119*
    canhão *64,* 67
    espadas 64-67, *119*
    lanças 64, *119*
    maças 64, *119*
    machados 64
armas de fogo 67
Arras, Tratado de (1435) 43
A arte da guerra na baixa Idade Média 61-69
Audley, barão 93-94

B
bacinete 126
Barnet, batalha de (1471) 97, 110, 162-168, *164, 168,* 175
batalhas
    Agincourt (1415) *31, 38,* 38-41, 67

Barnet (1471) 97, 110, 162-168, *164, 168,* 175
Blore Heath (1459) 93-95
Bosworth (1485) *195,* 195-200, *196, 197*
Castillon (1453) 67, 67, 79
Crécy (1346) 27, *27,* 67
Formigny (1450) *85*
Hedgeley Moor (1964) 125
Hexham (1464) 135, 139
Mortimer's Cross (1461) 114-117
Northampton (1460) 99,*100,* 100-101
Poitiers (1356) 27, *62,* 68, *68*
Sluys (1340) 25
St. Albans, primeira batalha de (1455) 59, *82,* 82-89
St. Albans, segunda batalha de (1461) *112,* 112-114, 113
Stoke (1487) 201, *204*
Tewkesbury (1471) *169, 170,* 170-174, *174*
Towton (1461) 117-123, *119, 120, 121, 123*
Wakefield (1460) 105-106
Beaufort, cardeal Henrique 47, 47
Beaufort, Edmundo, duque de Somerset 43, 48, *83,* 105
Beaufort, Eduardo, duque de Somerset 73, 76, 76, 80-81, 83, 84-85, 86, 168, 169, 171, 172
Beaufort, Henrique, duque de Somerset 89, 100, 101, 119, 124-125, 127, 164
Beaufort, João 43, *43, 84,* 84-85
Beaufort, Margarida 167
bisarmas 62-64, *119*
Blore Heath, batalha de (1459) 93-95
Bolena, Ana 212
Bonville, lorde William 58, 114
Bonville, família 58-59

Borgonha, duque da *ver* Carlos, o Audaz, duque da Borgonha
Borgonha, Margarida, duquesa da 204
Bosworth, batalha de (1485) *195*, 195-200, *196*, *197*
Bourchier, Tomás, arcebispo de Canterbury *89*
Brackenbury, Sir Robert 191
Brooke, Eduardo 80
Buckingham, duque de *ver* Stafford, Henrique, duque de Buckingham

C
Cade, John (Jack) 59-61
Calais, França 27, 38, 41, 76, 91
Cambridge, Conspiração de 36, 42, 45
campanha gasconha (1443) 43
canhão *64*, 67
Carlos IV, rei da França 22, 25, 79
Carlos, o Audaz, duque da Borgonha 32, *141*, 159-160, *161*, *177*
Carlos VI, rei da França 31-32, *32*, 41-42, 47
Casa de Lancaster
  heráldica e símbolos 107
  histórico 44, 84-85
Casa de York
  heráldica e símbolos 107
  histórico 45
Castela 29
castelos
  Chepstow 148
  Harlech *147*
  Ludlow 93, 95
  Middleham *147*, 148, 176
  Pembroke 194
  Pontefract 184
  Raby 56
  Sandal *103*, 105-106
  Trim *73*
  Warkworth *55*
  Warwick *91*
Castillon, batalha de (1453) 67, *67*, 79
Catarina de Aragão 211, 212
Catarina de Valois 36, *51*, 52, *52*, 167, 175, 193
Chepstow, castelo de 148
Clarence, duque de *ver* Jorge, duque de Clarence
Clifford, lorde 119
Clifford, família 101
Cobham, Leonor 48, *48*

Colombo, Cristóvão 8
concessões de terras 10-11, 11-12
Conflans, Tratado de (1465) *160*
cota de malha 87
Courtenay, Tomás 80
Courtenay, família 58
Crécy, batalha de (1346) 27, *27*, 67
Crônicas de gelo e fogo, As (Martin) 217, *217*
Crowmer, William 60, 61

D
Devon, conde de *ver* Stafford, Humphrey, conde de Devon
Dia do Amor, acordo do 101
Dia do Amor (Loveday) 89
disenteria 38, 41

E
Edmundo de Montford 44
Edmundo de Langley *16*, 42, 45
Edmundo de Rutland *105*, 106
Eduardo, conde de March *ver* Eduardo IV, rei
Eduardo, conde de Warwick 200
Eduardo, príncipe de Gales 183-188, *185*, 190-191
Eduardo, o Príncipe Negro 29
Eduardo I, rei *12*, 13, *13*, *14*, 21-22
Eduardo II, rei 22-24, *24*, 25
Eduardo III, rei 15, 24-29, *27*
Eduardo IV, rei 75, 100, 106, *109*, 109-131, *133*, 133-157, *135*, *137*, 162-181
Eduardo de Middleham 45
Eduardo de Westminster 150, 153, 154, 168, 169, 171-172, *173*, 174
Eduardo VI, rei *211*, 211-212
Elisabete I, rainha 8, *212*, 212-214
Elizabeth de York 45, 177, 178-179, 195, 200, 207
elmos 126
Escócia 8, *13*, 21, 24, 29, 110, 134, 181, 204
espada de cavalaria (espada curta) 65
espadas 64-67, *119*
Estêvão de Blois, rei 6
execução, métodos de 156-157
exércitos, A arte da guerra na baixa Idade Média 61-69
Exeter, duque de *ver* Holland, Henrique, duque de Exeter

F
Fauconberg, lorde 119
feitiçaria 48, *48*
Felipe II, rei da França 19
Felipe II, rei da Espanha 212
Felipe IV, rei da França 22, 25
feudalismo bastardo 13
feudos 11, 15
Formigny, batalha de (1450) *85*
Francisco II, duque da Bretanha 194, 195

G
Gasconha, França 22, 27
Geoffrey de Anjou 17
Glendower, Owen 51
Gloucester, duque de *see* Humphrey, duque de Gloucester; Ricardo, duque de Gloucester
grande elmo 126
Grey, Lady Joana *211*, 212, *212*
Grey, lorde 99, 101
Grey, Sir Ricardo 184
Guerra dos Cem Anos (1337-1453) 27, 67, 67, 79
Game of Thrones (seriado de TV) 217, *217*
guerras
    Guerra dos Cem Anos (1337-1453) 27, 67, 67, 79
    guerras religiosas 10
    Segunda Guerra dos Barões (1264-7) 21, *22*, 44

H
Harfleur, cerco de (1415) 36, 37-38
Harlech, castelo de *147*
Hastings, lorde *ver* William, lorde Hastings
Hedgeley Moor, batalha de (1964) 125
Henrique II, rei 6, 17-19, *19*
Henrique III, rei 21, *22*, 44
Henrique IV, rei *15*, 29, 35, 36, 44, 45
Henrique de Grosmount 44
Henrique V, rei 29, *31*, *32*, 32-42, 35, 44, *51*, 175
Henrique VI, rei 44, 47-48, *51*, 51-69, *52*, 73, 76, 76, 79, 80, 86, *86*, 89, 98, 103, 109, *111*, 114, 124, *130*, 130-131, *131*, 154, *155*, 159-162, 174-175, *175*
HenriqueVll, rei 44, 45, 167, 179, 191, 192-207, *194*, *198*, *201*, *207*, *209*, 209-211

Henrique VIII, rei 8, 10, 45, 179, *210*
heráldica *16*, *83*, 107, *159*
herança e sucessão *14*, *15*, 15-16
Herbert, William, conde de Pembroke 114, 145, *147*, 147-148, 175
Hexham, batalha de (1464) 135, 139
Hilyard, Robert 144-145
Holland, Henrique, duque de Exeter 79-80, 164, 168
Howard, João 195-196, 197, 198
Humphrey, duque de Gloucester *46*, 47, 48, 52

I
Igreja Católica 211
Império Angevino 19
Irlanda 19, 43, 71, 89
Isabel da França 22, 24, *24*, 25

J
Jaime I, rei 214, *215*
Joana d'Arc 47
João, rei da Inglaterra 19-21
João, rei da França *62*
João II, rei da França 27, 68, *68*
João de Bedford 47-48
João de Gante *15*, 29, 35, 44
Jorge, duque de Clarence 139-140, *140*, *142*, 142-143, *143*, 149, 153, 154, 162, 163, 170, 176-177

K
Kyriell, Sir Tomás 114

L
lanças 64, *119*
Lei do Acordo (1460) 103
lei sálica, França 25
Leonor da Aquitânia 17, *19*
Liga Hanseática 92
lolardos *32*, 33-35
Lords Appellant 29
Loveday *ver* Dia do Amor (Loveday)
Lovelace, Sir Henrique 112, 113
Lovell, visconde 200-201
Ludford, batalha da ponte de (1459) 95-96, 96
Ludlow, castelo de 93, 95
Luís IX, rei da França 136

Luís XI, rei da França 153, *153*, 177, 178

M
maçãs 64, *119*
machados 64
Magna Carta (1215) 21, *21*
Margarida, duquesa da Borgonha 204
Margarida de Anjou 48, 52-54, *55*, 59, 79, *80*, 81, *81*, 89, *89*, *94*, 103, 112, *112*, 114, *127*, 128-129, 133-134, *134*, 153, 154, *154*, 168-174, *169*, *172*, 177
Margarida de York 160, *161*
Maria, rainha 212, *212*
Martin, George R. R. 217, *217*
Matilda 6, 17
Middleham, castelo de *147*, 148, 176
misericórdias 116
Montagu, lorde *ver* Neville, João, lorde Montagu
More, Sir Tomás 191
Mortimer, Edmundo 35-36, *36*
Mortimer, Rogério 24, 36, 42
Mortimer, família 93
Mortimer's Cross, batalha de (1461) 114-117
Morton, John, arcebispo de Canterbury 189, 192
mosteiros, dissolução de 211

N
Neville, Ana 153, *176*, 177
Neville, Cecília *83*, 139, *139*
Neville, Isabel 140, *142*, 143
Neville, João, lorde Montagu 56, 125, 127, 134-135, 144, 163, 164, 168
Neville, Ralph 42
Neville, Ricardo, conde de Salisbury 58, 86, 93-95, 98, 106
Neville, Ricardo, conde de Warwick 91-92, *92*, 97, 98, 100-106, 110, 112-113, 117-119, 134-155, 162-164, *166*, 178
Neville, Tomás 175-176
Neville, família 55-58, 74, 81, 101, *147*
Norfolk, duque de 121
Northampton, batalha de (1460) 99, *100*, 100-101

O
Oldcastle, John 35
Ordem do Banho 36

Oxford, conde de *ver* Vere, João de, conde de Oxford

P
País de Gales *13*, 19, 21, 29, 114, 170, 193
Parlamento dos Demônios 98
Pecquigny, Tratado de (1475) 177, 178, *181*
Pembroke, conde de *ver* Herbert, William, conde de Pembroke
Pembroke, castelo de 194
Percy, Henrique 55, 86, 195, 198
Percy, Ralph *127*
Percy, Tomás 57-58
Percy, William 57
Percy, família 55-58, 101
Peronne, Tratado de (1468) 159
peste 6, 7, 27
    Peste Negra 27
Poitiers, batalha de (1356) 27, *62*, 68, *68*
Pole, João de la 201
Pole, William de la 128
Pontefract, castelo de 184
primogenitura 15-16
    agnática 16
    masculina 15-16
príncipes da Torre 190-191
proteção da cabeça 126

R
Raby, castelo de 56
ramos cadetes 16
Reforma 211, 212
Reims, França 27-29
religião
    Igreja Católica 211
    lolardos 33-35
Renascimento 7, 8, 209, 210, 212
rendição 68
resgate, pedido de 67-68
"resgate de um rei" 67
Ricardo, duque de Gloucester 143, 164, 170, 172, 174, 176-177, 181
    ver também Ricardo III, rei
Ricardo, duque de York 184-187, 188, 190-191
Ricardo I, rei 19
Ricardo II, rei 29, 44, 45
Ricardo III, rei 45, 75, 97, 110, 167, 178, *183*, 183-200, *185*, *189*, *197*, *198*, *202*, *203*
Ricardo de Warwick 51

Ricardo de York *42*, 42-43, 58, 61, *70*, 71-89, 75, 76, 79, 93, 95-96, 98, 100-106, *105*, *187*
Robin de Redesdale 140-144
Ricardo de Conisburgh 45
Rous, pergaminho *145*
Rouen, França 41

S
Salisbury, conde de *see* Neville, Ricardo, conde de Salisbury
sallet ou *salade*, elmo 126
Sandal, castelo de *103*, 105-106
Sandwich, Kent 91, 100, 139
Say, lorde 60, 61
scutage (escudagem) 11
Segunda Guerra dos Barões (1264-7) 21, *22*, 44
serviço militar
  dever de prestar 10
  isenção do 11
Seymour, Eduardo 211
Shakespeare, William *8*, 202, *216*, 216-217
Shore, Jane 188-189
Simnel, Lambert 201, *204*, *207*
Simão de Montford *22*, 44
sistema feudal 10-15
Sluys, batalha de (1340) 25
Somerset, duque de *ver* Beaufort, Edmundo, duque de Somerset; Beaufort, Eduardo, duque de Somerset; Beaufort, Henrique, duque de Somerset
Southampton, conspiração de 36, 42, 45
St. Albans, primeira batalha de (1455) 59, *82*, 82-89
St. Albans, segunda batalha de (1461) *112*, 112-114, *1130*
Stafford, Henrique, duque de Buckingham 192, *193*, 194
Stafford, Humphrey, conde de Devon 83, 147-148, 169-170, 171, 172, 200-201
Stafford, Tomás 200-201
Stanley, lorde 189, 196, 197, 200
Stanley, Sir William 196
Stoke, batalha de (1487) 201, *204*
sucessão *14*, *15*, 15-16
Suffolk, conde de *see* William, conde de Suffolk
suseranos 10, 13, 15

T
Talbot Shrewsbury, Livro de *80*
Tewkesbury, batalha de (1471) *169*, *170*, 170-174, *174*
Tomás de Clifford 86
Touchet, James 204-206
Tours, Tratado de (1444) 48
Towton, batalha de (1461) 117-123, *119*, *120*, *121*, *123*
tratados
  Arras (1435) 43
  Conflans (1465) *160*
  Pecquigny (1475) 177, 178, *181*
  Peronne (1468) 159
  Tours (1444) 48
  Troyes (1420) 42, 52
tributação 11
Trim, castelo de *73*
Trollope, Andrew 112, 114, 119
Troyes, Tratado de (1420) 42, 52
Tudor, Edmundo 167, 193
Tudor, Jasper 167, 170, 175, 193, 194, *201*
Tudor, Margarida 179
Tudor, Maria 179
Tudor, Sir Owen 114, *116*, 117, 167, 175, 193
Tyrell, Sir James 191

V
vassalos 10
Vere, João de, conde de Oxford 163, 164, 168, 196-197

W
Wakefield, batalha de (1460) 105-106
Warbeck, Perkin 201-207, *207*
Warkworth, castelo de *55*
Warwick, conde de *ver* Eduardo, conde de Warwick; Neville, Ricardo, conde de Warwick
Warwick, castelo de *91*
Welles, Sir Roberto 149, 153
Wenlock, João 171-172
Wentworth, Sir Felipe 86
William, conde de Suffolk 48, 52-54
William, lorde Hastings 163, 164, 170, 183-184, 187, *188*, 189
Woodville, Anthony 184
Woodville, Catarina 192
Woodville, Elizabeth *137*, 137-139, *139*, 140, 160-162, 179, 183, 184-189, *187*, 192